海下古镇

——咸水沽

HAI XIA GU ZHEN
XIAN SHUI GU

水沽镇人民政府 主编

天津社会科学院出版社

图书在版编目（CIP）数据

海下古镇 ： 咸水沽 / 咸水沽镇人民政府主编. -- 天津 ： 天津社会科学院出版社，2018.11 （2021.5 重印）
ISBN 978-7-5563-0520-9

Ⅰ. ①海… Ⅱ. ①咸… Ⅲ. ①乡镇－文化史－津南区－文集 Ⅳ. ①K292.15-53

中国版本图书馆 CIP 数据核字(2018)第 268051 号

海下古镇 ： 咸水沽
HAIXIA GUZHEN : XIANSHUIGU

出版发行：天津社会科学院出版社
出 版 人：张博
地　　址：天津市南开区迎水道 7 号
邮　　编：300191
电话/传真：（022）23360165（总编室）
（022）23075303（发行科）
网　　址：www.tass-tj.org.cn
印　　刷：永清县晔盛亚胶印有限公司

开　　本：787×1092　毫米　1/16
印　　张：23
字　　数：230 千字
版　　次：2018 年 11 月第 1 版　2021 年 5 月第 2 次印刷
定　　价：68.00 元

谨以此书纪念中国改革开放四十周年

编委会

序

李彦青

每一个地方都有自己的历史、名人、典故乃至民间传说，它们都是循环在这块土地深层的微营养，从某种意义上说，它们影响着一个地域的气质和姿容。

咸水沽是中国北方历史名镇，上千年的时光从这里流过，每一抹都留下过动人的光晕，是后辈子孙值得荣耀的精神财富。

早在远古时期，来自渤海的海水涨潮到此而止，“咸水沽”由此得名。其实，这里的水不苦不涩，发达的水系清澈甘洌，给了咸水沽独有的灵气，让这里人才辈出。

这里曾经是繁华的漕运码头，桅帆林立，商贾云集，南北文化交融在这里，成就了咸水沽诗书传家、文墨济世浓郁的文化背景。无论是土生土长的人，还是与此地有过关联的人，都感受过这方水土的温厚，接受过她的滋润，也都无法摆脱对她越来越深的情怀。

也许，这正是这座津南首镇的魅力所在。

她厚重的历史，丰富的人文积累，如深埋地下的宝藏，一次次召唤着人们去靠近她、探究她、解读她。

2018年，由津南区委宣传部、天津市非物质文化遗产保护协会、今晚报社主办，津南区文化体育局、津南区咸水沽镇人民政府承办的“海下古镇——咸水沽印象”征文活动启动，再一次点燃了人们的创作激情，“咸水沽”这个名字与许许多多深爱她的心灵重新撞击，迸发出灵感，释放出更加耀眼的文学火花。

星火燎原。每一个火花都升腾出一团旺火，汇聚成津沽大地上不灭的兴旺气息。

精选编辑在册的文章，围绕咸水沽的历史掌故、民俗风物、逸事传说铺陈开去，既挖掘出传承在民间的非物质文化遗产，也讲述了百姓的动人故事，还有作者的亲身经历。通读这些文字，仿佛如久别故里的游子重新听到了熟悉的乡音，那份浓浓的乡愁一下子就弥漫在了心头。

把书摆在案头、把书捧在手中，让有温度的文字带给所有阅读者一种向上的力量，这正是我们编印这本书的初衷。

一本好书的诞生，凝聚着付出者的心智与汗水，我相信，他们都是有梦想的人，这样的人，一生都远离世俗，积极快乐地生活，收获比常人更多。

历史既然选择我们做成这件事，就是我们在合适的时间、合适的地点该承担的使命，我们都觉得无比荣幸，因为我们对这片土地爱得深沉，所以我们责无旁贷。

历史总要有人书写，掌故也要有人记录，多年以后，我们的后人正是通过这本书册打开的窗口，望见津南前人的坚忍与血性，从久远的时光隧道中探求我们祖辈曾经展现出的智慧和力量。

2018年的暑热也没能挡住我们对文化追逐的热情，赶在立秋之日，写下上面的文字，是为序。

2018年8月7日

目 录

第一部分 历史钩沉

目录

第二部分 “非遗”掠影

第三部分 名人寻踪

第四部分 红楼大家

目录

第五部分　今昔生活

目录

第一部分

历史钩沉

周祜昌回忆药王庙会

吴裕成

津南咸水沽周家,汝昌与四兄祜昌早年就读南开中学。哥哥未毕业即进了浙江兴业银行,1949年以后供职咸水沽供销社,后在业余中学任教。周祜昌先生也倾心《红楼梦》,与汝昌合作出版《石头记鉴真》《红楼真本——蒙府·戚序·南图三本“石头记”之特色》。身后有五百万字《石头记会真》出版,周汝昌先生及其女儿付出核校整理的辛劳。

20世纪70年代初,一寓京城一居津郊这哥俩儿,鱼雁频繁。周祜昌以书信形式“缕述周氏家族琐事以及咸镇风土人情”,是“为促汝昌写笔记”,希望“汝弟大笔淋漓之余,有以细写给传神者”——桑梓情,哥俩儿心相通。早在1947年,甫入燕京大学读书的周汝昌先生曾分别给父母和四兄祜昌写信,计划为咸水沽修志,并草拟志稿提纲,请祜昌留意材料,整理编存。

周祜昌的信札,一部分保存下来,经先生之子周贵麟整理,冠名《藤荫余话》,由问津书院排印。

关于乡邦文史,《藤荫余话》话题多多,其中说到药王庙会。

津沽药王庙会,以峰山最著。峰山庙俗称蜂窝庙,位于大寺镇王村,是承载药王信俗的民间古庙。昔时庙会,如周祜昌先生所记,“旧历四月二十八正日子,前三四日最热闹,进香大会云集,争强斗胜,庙前形成集市”。

古镇咸水沽以文化底蕴和地理位置,分享这一酬神娱人的赛会。祜昌先生记当年过会盛况:咸水沽镇上,街道“例搭茶棚”,“绵延十数丈,中间阶上,设摆供神,拦以红绿麻绳”。祜昌汝昌的祖父还将花木文玩陈列其间,供人赏玩。接会送会,有人操持。塘沽、大沽、宁车沽、邓善沽、盘沽、泥沽,诸沽圣会由水路或陆路而至,必在咸水沽“排列展会,各显其能。有吹会,有武法鼓,会头会尾接连不断,旗纛如林”。

过会咸水沽,要表演。观众何情形?周先生记,“仕(士)女新制夏装,四乡八庄,远亲近故,毕至咸集,家户迎宾。”围观者有本镇居民,也有各处赶来的。过会如节日,“家户迎宾”——颇似三月间津城天后皇会的氛围,即《皇会歌》所谓“邀朋友,接亲眷”。与周先生的回忆相印证,是当地文人刘国华先生《古镇稗史》书中记录“老人们言”:“药王庙在王村,可庙会在咸水沽呀。”

当然,咸水沽本地的花会也很吸引眼球,有老会,相传乾隆帝赐过龙旗。《藤荫余话》记，“沽会进香最晚，势派最盛，峰山香客必待沽会进香而后尽兴，有如舞台之大轴。”好戏压场，咸水沽及海下诸沽远道而至的花会表演，为峰山药王庙会掀高潮。20世纪30年代津门掌故家戴愚庵记，蜂窝庙会会期长，“前十日则为津城厢内外居民降香期，至后数日，为海河区域居民降香期，各不相扰，例行已久”，正可参阅。

至于“有如舞台之大轴”的表演，怎样吸引人，祜昌先生用笔亦妙：人们说，王村妇女听说咸水沽花会已到，唯恐错过，忙乱间竟把饽饽贴在门框上——虽然夸张，“以状沽会之盛况”。

津南文化想当初

刘景周

天津解放初，天津县人民政府设在咸水沽，县文教科着手在咸水沽建立天津县文化馆。馆址在咸水沽老爷庙。原县文教科干部房育民，为第一任馆长。庙堂清除神偶后，做阅览室，图书为原葛沽民众教育馆旧藏，由葛沽中学用马拉大车运到咸水沽。从学校或居民家中征得一些桌凳，作为基础设施。1949年8月，天津县又在小站、葛沽建立文化馆。1953年5月，天津市撤销天津县建制，原县辖区划为四个郊区。东西北三个郊区，始建文化馆。三郊建馆的干部、设施，均从南郊馆抽调。小站馆刘长柱、葛沽馆曹木森，到西郊李七庄建馆，小站馆李富印，到东郊张贵庄建馆，咸水沽馆张浩及民校干部朱世杰到北郊北仓建馆。南郊三个文化馆改制为南郊区文化馆(咸水沽)和两个分馆(葛沽、小站)。咸水沽主馆由老爷庙迁址旧当铺宅院。宅院前为邮局，中为文化馆，后为津南第一座电影院。

多彩津南

南郊馆第一任馆长赵雅儒，原为双港小学校长，筹建学校初始，清理地基，挖出一坛银圆，解决了资金困难问题，因而被提升为区文化馆馆长。赵馆长升迁有故事，降职也有故事，他 **1953** 年上任，**1954** 年就被降职调到小站小学当副主任去了。因为两件事：一、葛沽文化分馆的一位女干部，是童养媳逃婚者，被婆家发现，逼其复婚，她抗婚自杀，投海河溺亡。馆长有不察责任。二、他负责津南影院基建工作，为赶在年终结算前花掉建筑用款，冬季仓促施工，砌墙后数日倒塌，造成经济损失。因而受到降级使用处分。津南影院 **1955** 年春开业，首演《渡江侦察记》。各单位都组织观看，观者潮涌。

当时文化馆干部八人，三人小学毕业，五人初中毕业。馆内没有饮水锅炉，靠到附近茶锅打水，一分钱一壶。馆内有幻灯机 **5** 部、灯片 **80** 余套、图书 **13000** 册、报纸 **16** 份、杂志 **32** 种。文化馆主要功用为放幻灯、办展览、开放阅览、办黑板报、橱窗陈列、组织高房广播——就是人站在屋顶上用白铁卷成的喇叭筒喊话。还负责组织球类、棋类比赛，创办交谊舞会等。坚持开展阵地晚间活动，没有电源，靠煤油灯、汽灯照明。下乡骑公用自行车，带铺盖，于农家入户用餐，日交四角钱饭费。

1958年，南郊文化馆再次迁移，到咸水沽建国大街孟家旧宅，是1949年以后南郊公安分局所在地，公安局有了新建机关，文化馆得以迁入。较先前房室增加多间。

也是在1958年，南郊区文化馆并入河西区文化馆，葛沽文化分馆划入塘沽区，小站文化分馆改为小站人民公社共产主义教育馆。1961年又重新恢复原建制——南郊区文化馆。葛沽又划回南郊，和小站两个分馆改称文化站。1974年新建文化馆落成。1980年市文化局拨款17万元，建成区图书馆。从此，图书借阅活动从文化馆剥离。随着咸水沽卫星城建设，文化馆再次迁移到今大剧场附近，群众文化活动也日渐呈现全新的面貌。

海河下游的妈祖崇奉

刘景周

妈祖是闽南称谓，北方称娘娘。天津海下称老娘娘。林默在传说中虽以年轻姑娘面世，但毕竟生在宋代，相对后世人，自然是很老的前辈。妈祖之称是1987年福建国际学术研讨会的定名，学界一律称之为妈祖，但不影响各地民间已成习俗的口语称呼。元世祖至元十八年(1281)封天妃，元泰定三年(1326)天津就有了天妃庙，俗称娘娘宫。凡两处，称东庙、西庙，今天后宫即西庙，东庙在大直沽。清乾隆三年(1738)加封天后圣母，天妃宫又改成天后宫了。农历三月廿三天后诞辰，天后宫庙会，逢升平年份，举办盛大的娘娘会，自被乾隆帝看过后，称为皇会。《津门杂记》中说："香船之赴庙烧香者，不远数百里而来，由御河起，沿至北河、海河，帆樯林立，如芥园、湾子、茶店口、院门口、三岔河口，所有可泊船之处，几乎无隙可寻。河西黄旗飞舞空中，俱写天后进香字样。红颜白鬓，弥漫于途。数日之内，庙旁各铺店所卖货物，亦利市三倍云。”后世随着海口的向东延伸，与海有关联的民众通常积聚于下游，祀奉妈祖的娘娘庙，也就不断出现在下游。最虔诚浓郁的信奉，也在下游。海河下游的村镇，对妈祖的崇奉，与天津城厢市民较之为甚。在皇会式微的年代，下游的娘娘庙会依然兴盛。

1949 年以前，咸水沽四月廿一至廿八，七天庙会。庙会有小庙大庙之分，四月十六先祭娘娘庙，称小庙节段，至下旬祭药王庙，是为大庙节段。有大小两庙宇，娘娘庙在咸水沽，奉妈祖等多位娘娘，药王庙在芦北口，药王与娘娘合祀。小庙时，开庙进香，大庙期间，娘娘与药王双驾巡游。四月骄阳似火，茶棚过街搭设，为与会人群庇荫。四月二十日左右，茶棚进香进入高潮，所有海河下游两岸村镇进香大聚会，各个乘船而来，在咸水沽东头上岸，往西走街。各有大纛旗，笙管嗷嘈，鼓乐喧天。四月廿六上大庙，宝辇法鼓花会，全列摆开。走辛庄白塘口，村民夹道恭候辇驾，过白塘口登车乘船到南芦北口，步行至药王庙，举行隆重的祭祀仪式。咸水沽庙会形成海河下游村镇民俗盛会的第一个中心，更下游的葛沽则成为第二个中心。

明清以至民国期间，海河下游咸水沽有娘娘庙，葛沽有娘娘庙，双港、下郭庄、大韩庄都有娘娘庙。其他一些海河沿岸村庄，多在佛爷庙或观音庙、老君堂、五圣庙等庙内兼祀娘娘。

妈祖由南而渐北，成为津门的崇奉，不难理解，因为妈祖救生于海上，泽被四海。天津是海滨城市，不乏泛海为生的捕捞和航运业人，自然就有了这方面的信奉。

葛沽的花会起源于明永乐年间，花会都称老会，会名十老九乐，如同乐、永乐等，显示的都是明代永乐资历。传说明代玉厚堂张家，商铺兼营船运。船在海上遭遇风浪触礁，竟侥幸漂到了福建。检查发现，两条大鱼塞堵了破洞，船才没有沉没。船主回忆，触礁之际，空中若有女子隐现，恍悟是老娘娘搭救。从此仿效福建人，在自家供奉海神娘娘。最初的葛沽宝辇，就是花会把玉厚堂张家的娘娘塑像，放在地方官的官轿之中，巡街供人祭拜而相沿成俗的。这个传说，对妈祖在天津被普遍信奉，应有佐证意义。

咸水沽最早的小学

张敬贤

咸水沽原是河北省天津县重镇之一。1948 年解放。1953 年划为天津市南郊区咸水沽镇。

咸水沽最早的小学始建于光绪三十二年(1906),由清朝户部郎中韩印符(咸水沽韩城桥村人)响应学部侍郎严修"以渐谋义务教育之普及"的号召捐款所建。校名是天津县民立第二十一小学。校舍是一所原作为仓库的坐西朝东的院落，改为五个教室。原址即现在的津沽路华润超市后面，原新兴路与建国大街(老街)的交口新兴路北头的东面。创办时师资力量相当雄厚,既有萧鸿熙(字庚廷)、张耀西、张星彩等宿儒,也有从河北省吴桥、交河县毕业的师范生。校长为周懋昌(字子登),咸水沽人,擅于书法。学校共有四个班,初级班三个,九十人,设有国文、算术、习字、修身等课程；高级班一个，学生不足十人。因家境关系，学生上完六年的不多，不过三年两载，便转入私塾学习珠算、尺牍、应用文之类，就入商店学徒了，于是年级越高学生越少。

学校正房两间教室，东间为初小(三个班)，复式教学，老师放下这个说那个，着实不易。西间为高小，增设英文课，课本是英文法程，厚纸封面，给人一种西洋教会的味道。每年的毕业生须到天津县政府会考，名“观摩会”，会考地点多在天津东南角草场庵，会考合格者方准毕业。学校历届毕业生考入天津各中学者四十余人，考入北京、天津各大学者八名。红学泰斗周汝昌先生兄弟五个皆是从该小学毕业。大哥周震昌以当地升学第一名的成绩考入大营门德华中学。二哥周祚昌、三哥周泽昌毕业后在商店学徒，一个在银号，一个在木行。四哥周祜昌考入南开中学。周汝昌先生 1932 年在此毕业考入觉民中学，中考以第一名的成绩考入南开中学。著名评书表演艺术家田连元 1949 年至 1951 年(一年级至三年级）曾在此小学读书，1951 年被评为天津县师范学校附属小学唯一的“模范儿童”。小学的启蒙教育，为田连元以后走上艺术之路并取得辉煌的成绩打下了坚实的基础。

从 1923 年至 1937 年，学校改称为天津县公立第十二小学。在日伪统治的八年间，改称为咸水沽镇立小学。日伪围绕所谓“大东亚圣战”的侵华战争对师生进行奴化教育，学校遭到严重破坏。校舍在 1939 年洪水泛滥中倒塌，停办了几个月后在原地简易重建，先盖了几间北房作为教室。又经过两年，才把东、西、南面先后盖起来，门口改为坐东朝西，有带廊的木影壁，上书“诚朴勤勇”的校训。1948 年 12 月以后，改为咸水沽第一完全小学。1950 年改为天津县师范学校附属小学。1955 年改为咸水沽第二小学。1968 年分为七街大队小学、耀华大队小学、五街大队小学。1974 年合并改为咸水沽公社第二联合小学。1978 年改为咸水沽第二小学。

抗战后的咸水沽中心小学

周利成

1945 年 11 月 29 日，翟凤鸣向天津县政府呈文称，他从 1931 年即在咸水沽镇小学任教,1944 年初任天津县立咸水沽中心小学校长,同年 11 月兼任咸水沽镇立小学校长。因两校校务纷繁,个人精力所限,疏误实多,更因镇立学校经费异常艰窘,以致校务无力推行,故恳请准辞两职。12 月 11 日,天津县政府批复,咸水沽镇立小学校长仍由翟凤鸣继续负责,其兼代县立小学校长一缺由谢秋海接任。12 月 12 日,在天津县教育科科员杨占庭的主持下,新旧校长进行了交接。

接任校长后,谢秋海面临着教员工资低、学校基本设施不完善两大棘手难题。1946 年 4 月,他与汤德股等七名教员联名呈文天津县政府,请求增加教员待遇。抗战胜利以来,国民政府曾明令规定学校教员每人每月生活费四万元。这一规定虽然未能在全国普遍遵行,但平津两地的市立学校、省属院校等,从3月份起,已经遵照中央规定进行调整。据《民国日报》载,行政院救济总署冀热平津分署为救济天津市私立小学教职员,凡月薪不满五万元者,每月发给一袋面粉。但该校教员每人每月薪金尚不足两万元,个人的衣食住尚且不敷应用,何谈养家糊口呢?同为教育人员,而待遇厚薄却如此悬殊;均系为国家服务,而市乡竟有如此差异!当时,天津县政府也曾转奉河北省政府训令:国民学校教职员任用最低薪金,应以当地个人衣食住三者所需生活费之三倍为标准。该校也未能执行此标准。面对此种艰难窘迫情形,迫不得已,七名教员联名据情上陈,恳请准予按照中央规定支付薪俸,并援例每月发给一袋面粉,以安生活,而利教育。

天津县政府批复:"经提交县政会议议决,自6月份起,每班月增公费1000元,以资补助,仰即知照。"但在资源匮乏、物价飞涨的战乱时期,这可怜的一千元只能是杯水车薪。

1946年5月27日,谢秋海再次呈文天津县政府称,抗战期间,该校曾两次驻扎日军,学校设施损失殆尽。这年春天正式开课后,因缺少桌凳,学生拥挤且没有严格固定的教室,一年级与预备班学生计120余人,只得挤在一间教室上课,室小人多,多为站立,且你拥我挤。春天气温不高,尚可维持。近因天气转热,教室内犹如一座火炉,每至上课之时,辄感汗气熏蒸,气味难闻。为解燃眉之急,谢秋海遂以私人名义请地方热心教育人士,慷慨解囊，代为设法解决。潘、王二位当地乡绅应允出资订购桌凳、维修学校门窗。校方遂将此等助学义举，面陈天津县教育科刘科长，拟请各项工程完竣后，准予传令嘉奖，以昭激劝。但天津县政府只是批复："准予备案。"

兴国、富国两盐场

缪志明

以天津为中心的长芦盐区，在我国经济生活中早就有其重要作用，其中兴国、富国两盐场，其管理机构均曾设于咸水沽。

盐场原为制盐业达到一定规模之产物，早先民间煎盐，多为一户一灶或数家一灶，五代后唐时幽州节度使赵德钧为扩大生产，始在芦台南部首设盐场。至元代初年，长芦盐区已先后设立22处盐场；明初又增至24处。这22处和24处中，都含有兴国、富国二场，因此可以说，此两盐场可谓历史悠久。

关于此两场具体情况，清嘉庆间所纂《长芦盐法志》，分别于卷八《场灶》、卷十二《赋课》、卷二十《图识》，曾做相关之述。如《图识》编便记："兴国场，在天津县高家庄，为天津分司所属……东濒大海，滩近东沽；西南接四党口，南接富国场，又南入沧州境;北近军粮城、潘儿庄。北塘有滩荡地,相连一片。初,场在静海县咸水沽,有公署,后被水,徙高家庄。”“富国场,在静海咸水沽,今移天津,为天津分司所属……场东至上古林,接兴国场;西过大头港,至子牙镇;南至王家庄、芦北口等处;北滨北运河。”

此两记述,均明确言及,兴国、富国二场,最初都曾设于“静海县咸水沽”。所谓“静海县”,是指咸水沽于元明时期乃属静海管辖。其中兴国场因受水灾,而移至葛沽附近高家庄。至清代,该两场场署又都迁至天津。

由上述可知,兴国、富国两盐场,所辖范围均较大,只是其辖区在不同时期有不同变化,如《场灶》编便言:“兴国场……西南接富国场;南入沧州境接严镇;东北增并厚财场,地接丰财,延广五百里。户籍隶宝坻、武清、天津、静海、沧州、青县、盐山、南皮及山东乐陵。原额灶丁六百二十九丁,八十三户,厚财场原额灶丁三百一十六丁,三十户。二场共男妇大小一万五百九十五口。”“富国场……东至宁河之北塘接兴国;西南过大头港,至子牙镇,入静海界;南至山东乐陵;北滨漕河,至天津之下园,延亘百六十里。户籍隶宝坻、武清、天津、静海、宁津、沧州、青县、庆云、南皮及山东乐陵。原额灶丁八百九十九丁,一百六十八户,共男妇大小八千六百六十口。”

此处所言“灶丁”,乃指有责任向政府纳盐纳税的盐工。所纳数额,两场微有不同,如《赋课》编曰:“兴国场……每丁征白盐十斤十四两二钱四分四厘八毫三丝三忽六纤八沙三尘六埃二渺四漠八糊；每丁征灶课四钱六厘六毫九丝六忽三微六纤三沙六尘五埃七渺二漠二糊。”“富国场……每丁征白银十四斤十两一钱六分二厘四毫二忽六微六纤九沙六尘三埃二渺九漠二糊；每丁征灶课四钱九分一厘八毫九丝八忽九微四纤七沙六埃二渺一漠五糊。”所需缴纳数额之细竟至如此，令人感到惊讶。

至清代道光十一年，富国场并入兴国场，翌年，兴国场又被并入丰财场，自此，已历元明清三代的该两盐场之名，便告消失于世了。

豆子𬶍不是咸水沽

侯福志

清代诗人蒋诗在《沽河杂咏》组诗里，有一首吟诵咸水沽的竹枝词："霸道当年聚卒徒，格谦负海据偏隅。几回吊古无人识，豆子𬶍今咸水沽。"把豆子𬶍说成是咸水沽，这是自清初以来包括蒋诗在内的津门学者比较流行的说法，可是，这一说法并不正确。

著名地方史学者陈铁卿曾发表了一篇名为《津沽杂考》的文章(详见 1984 年 4 月出版的《天津文史丛刊》第 2 期)，他在文章中得出明确结论：豆子𬶍不是咸水沽。陈先生认为，"自从《读史方舆纪要》把豆子𬶍说成是天津的咸水沽(卷十三，直隶河间静海县下)，《天津县志》和《畿辅通志》等书都毫不犹豫地采取了这一说，此后凡记载天津古迹的，无不照此列入。"陈先生指出，豆子航实际上并不是一处特定的地名,而是“盐泽”(指引海水煮盐的沟渠)的泛称,而且事实上,史书上所记载的这个“盐泽”,也不在天津,而是在今山东省境内。

为核实陈先生的说法,笔者翻阅了《读史方舆纪要》,其原文如次:

咸水沽:在天津卫东六十里,即古豆子航也。《括地志》:“自渤海至平原,其间滨海煮盐之处,土人多谓之豆子航。隋大业十二年,河间贼帅格谦据豆子航称燕王,王世充击斩之。”《隋书》:“平原东有豆子航,负海带河,地形深阻,自高齐以来群盗多匿其中。大业七年,刘霸道聚众于此,既而格谦亦据其地。”王氏曰:“豆子航在平原、渤海、河间三郡之交,环带河海。形成阻深,兼有盐鹾之利。今大河南徙,其地不可考矣。”罗氏曰:“河间之豆子航,今咸水沽是也。沽东去海四十里,地斥卤,广数十里。宋时亦置戍于此。又卫东北四十里有塌河淀,周百里。”

《读史方舆纪要》出版于清初,作者是著名地理学家顾祖禹。笔者注意到,实际上,《读史方舆纪要》在谈到豆子航时,引述了唐朝出版的《括地志》和《隋书》等文献,并在文献中提出了有关豆子航位置的两种不同说法。

其一是王氏曰:在渤海至平原之间。渤海、平原都是古郡名,汉渤海郡包括今天津东南部、河北省沧州市东部、山东省德州;汉平原郡治在今山东平原县南,隋平原郡即今山东陵县。上述两个郡,是古代齐国所辖之区,早在两千年前就拥有大片盐泽。王氏的说法，与《括地志》《隋书》是一样的。而据徐偭生、高昭一著《中国农民战争史论文集》(1954 年版)："豆子𠚴在今山东惠民境，与无棣、阳信二县连界，北接今河北盐山带，过去曾是一片盐泽。"

其二是罗氏曰："河间之豆子𠚴，今咸水沽是也。东去海四十里，地斥卤，广数十里。"

罗氏的说法显然与《括地志》《隋书》的说法有矛盾。而有意思的是，顾祖禹不顾古书上的白纸黑字，偏偏在"咸水沽"名目下，开宗明义地指出咸水沽即古之豆子𠚴。其个中原因，笔者不能妄断。陈铁卿先生在文章中亦没有给出结论，也只待史学者们继续探究了。

高毓浵题咸水沽旧园

周贵麟 周长庚

周汝昌在撰述中多次提道:“寒家早先有一座小园子,题名曰‘爽秋园’。”周祜昌《爽秋楼》一文也记载:“祖父有花园,原名柴禾园子,围墙以堆柴草者。”1951年,周汝昌在北京大学因“红学”与张伯驹结识,请张创立的“庚寅词社”征题,题目是“咸水沽旧园”,汪鸾翔、陶心如、张琢成三位名家为此绘制《咸水沽旧园图》,一时诗人墨客纷纷题咏。

周汝昌说:“静海的高毓浵先生号潜子,‘一口气’就作了四首七律,十分精彩!”高毓浵是天津最后一位翰林,题咸水沽旧园图时已七十四岁。其中有《芳园两过寻调鹿》一首云:“云连海气润琴书,乔木森森荫有余。福地直疑仙岛近,诗人合在辋川居。芳园两过寻调鹿,远浦潮平看射鱼。须觉桃源非世外,问津可有武陵渔。”据周汝昌回忆，早年有位老表亲在吉林经营木材，有一年慨赠周家一对鹿，其中雄梅花鹿一只，另一只却是母麋鹿。这不成对的“夫妻”无法生养小鹿。周汝昌偶然路过“乐仁堂”的鹿苑，突发奇想向乐家主人洽商要只小母鹿，没想到乐家慨然惠赠，此事在咸水沽传为佳话。

浅解残碑《王氏家祠记》

徐玉昌

2000年修天津大道,拆除津南区咸水沽镇苑庄王氏祠堂旧址,出土残碑一通,铭文为《王氏家祠记》。碑文分正反两面,正面上方以大号字“以”,背面以“德”冠顶。由于碑面残损、断裂,很难流畅辨析全文。

碑文正面概述了王氏家族因“世禄既废而宗法不行”,族人或留江南或迁至北方支脉散居,“无祠以铭”的遗憾。这是王参议兴建祠以“祀于以敬”的初衷。

据苑家庄年长者忆述,王参议高祖父辈先是转徙河北沧州,后“又移静海县咸水沽”,“遂为津人”。兄弟三人,“长乃居咸水沽,次居韩庄,三居苑家庄”。王参议的高祖父辈当属“三居苑家庄”的一脉。

"苑家庄又四传而分东西二院"。笔者的记忆里,苑家庄居中有处非常气派的四合院,分东西两院。大概是 **1958** 年,住在东院的王槐隆老人病逝,据说他就是王氏家族"隆"字辈的最后一人。

根据碑中残缺的文字,我们只能粗浅地理解碑文,王参议之母李老夫人省吃俭用,昼夜绩麻供养儿女们勤于学业,不惜"告贷"的含辛茹苦。在苑家庄曾有这样的传说,王参议的父亲在他尚未成年时过世,母亲孤寡一人抚养五个儿子。李老太太非常贤惠,尽管不识字,但非常注重孩子们的培养。有一次,兄弟三人逃学去海河摸鱼、抓蟹,被老夫人发现后,三子被罚一天不许吃饭,老人也陪着一天滴水未进。碑文也有记载:"临终诏之曰:环吾居大,率以贫而不学,不学而益愚,愚益贫。"从这里我们不难看到李老夫人治家家训的睿智和独到。对此,王参议"念母劬劳甚",更加"弱冠习懋"。值得一提的是,紧挨王氏家祠西面,王参议一并建起一座学校,中华人民共和国成立后我就在此校就读。这也是王参议修建王氏家祠的初衷之一。

据乡人流传,王参议之母病逝后出大殡气派非常,送葬的车马队伍压地银山般,由苑家庄一直延伸到咸水沽。当然,从另一个角度看这也是王参议正值春风得意之时。

碑文中提及"徐又□能轻□□交游然诺不以生死□□徕士风及□其貌温然君子也",这"徐又□"当是徐又铮。徐树铮字又铮、幼铮。**1916** 年袁世凯死后,黎元洪任国民政府总统,段祺瑞任总理,徐又铮任陆军次长兼秘书长。因为徐又铮和王参议间的私交甚密，国民政府期间，徐力荐王为国民政府财政总长。直至后来，王参议投资火柴厂、银号、盐业、大公报、纺织实业，都有徐又铮参与其中。

碑文撰稿人，具名：桐城姚永概。文章撰写年代，大约是1916年，王氏家祠落成之前。《叔弟行略》曾记载："姚永概字叔节，桐城姚氏。其祖父乃桐城石甫姚莹是也。生于同治五年(1866)，少年聪慧，年二十三即中光绪戊子乡试举人。""光绪三十二年，任安徽高等学堂教务长。其办学中西交融，文理并重，以德为根本，以文艺科为户牖。应北京大学之聘，后入清史馆。""永概论学不分门户，宋学兼修，诗文有后逸之气。著有《慎宜轩文集》。"

一个文人和一个商人怎么会扯到一起？史料记载：徐树铮在北京创办"正志学校"，聘任姚永概为教务长。教师由桐城文人姚永朴、马其昶、林纾担任，日语德语聘任日本老师。正志中学实际上是一座军官预备役学校，培养学生的宗旨是选拔杰出的热血报国青年。可见，碑文由姚永概执颂，就不足为怪了。

咸水沽李幼唐被绑案

张绍祖

位于咸水沽的天津振华机制纸板股份有限公司，简称天津振华造纸厂（天津板纸厂前身），是当年华北唯一的纸板制造厂。该厂创办于1923年，今年是其创办95周年。创办人宁钰亭为董事长兼总经理。命名“振华”，系取“振兴中华实业”之意。商标则定为“马头牌”。该厂经营坎坷，两度出租，努力求生。特别是在1937年天津沦陷后，受到日本帝国主义的挤压践踏。当时宁钰亭的儿子宁立人担任经理，李幼唐任厂长，宋振声任营业主任，惨淡经营，勉强维持，不时发生意外事件。

有一天，有两个日本宪兵来该公司，声称找宁立人经理谈话。刚巧宁经理因公赴北京未回，就由宋振声出面接待。日本宪兵不问情由，竟将宋振声强行带走，罪名是该公司货船在海河禁区违法偷渡。其不容分辩,在毫无证据的情况下,就将宋振声肆意毒打,遍体鳞伤,左眼出血,几乎失明。幸而当时日本浪人神初在该厂任职,经他几次疏通,才将宋振声放回。事后经过了解,才知道是三井洋行强行要求与该厂合作未成,蓄意报复,诬告陷害的结果。

该厂不仅受到日本帝国主义的欺压,负责人还遭到土匪的敲诈勒索,1943 年,发生了一起震惊咸水沽的振华造纸厂厂长李幼唐被绑案。

那年年初,小站地区出现了一股土匪,首领是李秀山和“参谋长”田某,集聚匪徒有两三千人,在小站一带横行霸道,烧杀抢劫,无恶不作,地方百姓畏之如虎。他们在南郊一带盘踞了一年多的时间。匪徒知道振华造纸厂在咸水沽镇首屈一指,觊觎很久。有一天,厂长李幼唐赴咸水沽商会开会,在归途中,被绑失踪。

不久,李秀山的信就来了,要以五万元赎票,同时又扣留振华在小站一带的运草车船,勒索巨款,补充军饷。振华正在踌躇商讨对策中,匪徒竟于深夜包围工厂,鸣枪示威。为了护厂,开始招募人众,购置枪弹,进行防卫,还在厂中修筑了一个瞭望台,提高戒备。双方对峙了数月,匪徒无计可施,竟以“撕票”为要挟,限期交款。振华万分焦急,多方托人,寻找门径。之后获悉,咸水沽镇上有郑、张二位士绅,与李秀山素有交往。经过他们二位奔走,先以两万元将李幼唐赎回,后又经他们继续疏通,陆续以现款数万元，将所扣留的大量稻草全部赎回。

李幼唐原就体弱多病，又在匪窟被扣留了五个多月，每天提心吊胆，寝食不安，回到家里，已经奄奄一息。匪首李秀山被日军收服，其手下匪徒改编为伪军，仍不断派人向该公司讹诈。后来，李秀山因为一些事惹恼了日本主子，被日寇处决。

咸水沽匪事

东 风

咸水沽地处交通要道，商民往来不绝，地方经济繁荣，自然就会让土匪惦记。

1931 年初，大公报社多次接到关于咸水沽闹土匪的消息，有的说乡区六所警署被匪包围，有的说该所警士某日与匪激战竟夜，都言之凿凿。为探究事情真相，报社于 1 月 30 日派出记者前往咸水沽实地调查。

记者乘长途汽车前往，乘客中有前日来津者，闲聊时说："前天晚上扰得我一夜没睡。"还说："昨天大概也没得清闲。"可见，咸水沽闹土匪是真的了。

到达咸水沽后，记者进村找到警所，投刺请求谒见所长，所长接待了记者，但是提供的消息比较少，记者认为素材不足，于是又步行至村中，与村民详谈，虽然收获不是太多，但村里连日闹土匪之事基本清楚了。

事情起源于1930年11月间，咸水沽警所抓获匪党之二头目和一名说票人，将两人呈解公安局讯办。众土匪对该所怀恨在心，几次想举事都夭折了。1931年1月24日，大帮土匪包围了警所。该所官警仅有二十九人，于是电告附近驻扎的丁喜春部第二旅第廿八团第一营，该营于25日前来弹压，到达后未见土匪踪迹，于是26日撤回原防地。当天夜里众土匪再次出现，在村边鸣枪示威，警士与自卫团及义务警共八十余人，四出追击，竟不见一匪。虽然防范工作未敢松懈，可咸水沽人却惶惶不可终日了。

26日夜还发生了乡区八所巡官高有福被绑之事，市公安局立即派铁甲车一辆前往追缉，当地警所也派人访缉，至记者到达尚无踪迹，有人说已被撕票。29日又有传闻说土匪已来信，索价五万元，究竟情况如何，官方也没有给出答案。

咸水沽人告诉记者，土匪多在新庄东破窑窝藏，日没即出而为患，连日来葛沽、郭家庄、新庄等地被绑去者已有三人，均未赎回。咸水沽地方多稻田，田野多有引水沟渠，严冬积水成冰，土匪就利用它作为临时战壕。

28日夜，土匪又至，先是西南、东南两个方向拍掌声、呼哨声、枪声和火光、手电互相响应，不一会儿，四方枪声大作，警士携枪出门迎战，土匪又消失了。只片刻，枪声再起，全村警士等都出来迎敌,与匪徒激战,至凌晨三时才平息,战果是双方各无死伤,消耗了不少子弹。29日晨,第二十五旅旅长姚东藩闻讯,亲率骑兵连前来查看情况,决定调兵一连长驻咸水沽,作为警卫部队,不日即将开到。

29日晚,吴家稻地和郭家庄又有枪声和喊杀声,不知道是土匪又在抢劫,还是驻军和他们交上火了。在土匪的袭扰下,郭家庄妇女近几日多携幼童铺盖,于日没时至咸水沽亲友家避难,第二天早晨再步行回村。因此,土匪也将目标转移到了咸水沽,夜夜来扰,闹得居民夜不安枕、昼不暇食。

村里还风传乡区六所所长王梦周已被绑架的消息,实际上,那天王所长是到市里参加警务会议去了。虽然没被绑架,这个王梦周所长已经被土匪吓怕了,他对记者表示,万不得已时他将请假休息,以避开土匪之锋芒。记者调查完毕,返回报馆,连夜赶稿,第二天见报。

咸水沽的百姓只能盼着姚旅长的部队早日到来,好过上几天安生日子。

咸水沽开办审判厅始末

王勇则

1906年，清政府改刑部为法部，专任司法；改大理寺为大理院，专掌审判。《大理院审判编制法》规定，大理院以下设高等审判厅、地方审判厅、城谳局(乡谳局)，实行四级三审制，独立审判民事、刑事案件，并分设同级检事机构。此为中国历史上司法与行政分离、检察权与审判权分立之始。

光绪三十三年二月初十日(1907年3月23日)，天津府设立的高等审判分厅(简称天津高审厅)、天津县设立的地方审判厅(简称天津地审厅)，同时在天津县衙举行开厅典礼。天津知府、天津知县分别兼任高审厅厅长、地审厅厅长。此为天津在国内率先设立新型审判机构的重要标志，也为各地实现司法权与行政权的分立率先迈出了坚实一步。

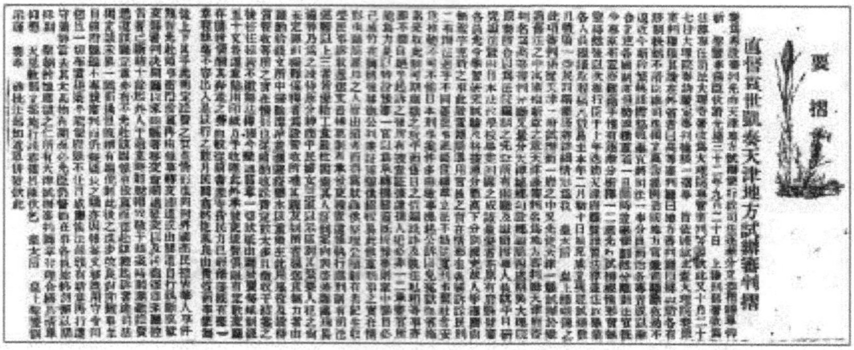
要摺
直督袁世凯奏天津地方试办审判摺

《申报》1907年8月1日第10版《直督袁世凯奏天津地方试办审判折(光绪三十三年六月十三日奉朱批)》

根据1906年底由直隶总督袁世凯批准公布试行的《天津府属试办审判厅章程》规定，在地审厅之下，还设立乡谳局，也即初等审判厅(简称初审厅)。首批设立的天津县乡谳局，均位于已划定巡警管辖区的繁华乡镇。天津县巡警区域分属天津北段巡警总局(设在贾家口)、南段巡警总局(设在南斜街)管辖，下设八个局(每局约万户)以及十五个区(每区约三千户)。

天津县"量分天津城乡，匀设乡谳局四处"，分设于咸水沽、杨柳青、赵家场、永丰屯。这个层级的审判机构，职能与如今基层人民法院派驻乡镇的人民法庭相仿。天津首设乡谳局，也是清末

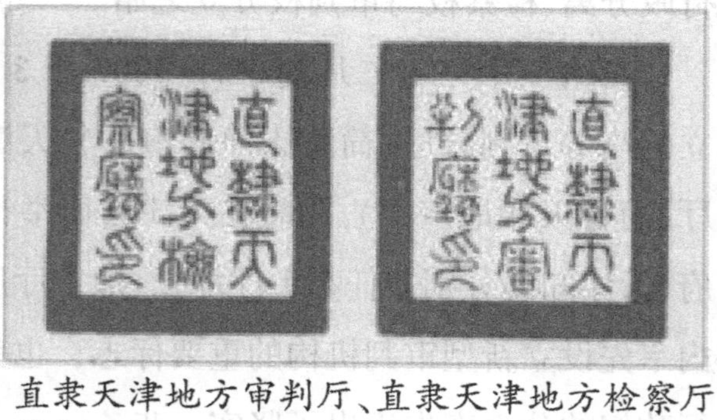
直隶天津地方审判厅、直隶天津地方检察厅钤印

司法改革的一大创举，为基层的司法改良实践积累了不少经验，对于研究清末民初天津社会治理模式很有意义。

但是，关于天津县乡谳局的来龙去脉，在已出版的《天津通志·审判志》等相关著述中，均记载简略，且不乏粗疏之处，迄今尚未缕析清爽。

清末民初，天津县咸水沽镇开办的审判机构，可分为三个历史阶段，即：天津县咸水沽乡谳局（1907—1910年）时期、天津县第三初级审判厅（1910—1911年）时期、天津县第二初级审判厅（1911—1914年）时期。

本文通过报章即时性报道和相关公牍的记载，结合运作模式基本相同的天津其他三处乡谳局和初审厅，梳理其沿革特点及发展规律。

一、天津乡谳局何时开局视事

《天津府属试办审判厅章程》规定，天津县各处乡谳局的人员配备分别为：承审官（审判官）、检事官、书记官各一员；又设承发吏、堂丁、司法巡警，均以事之繁简、定数之多寡，酌量配置。

乡谳局除各设承审官、检事官（纳入文官系统）外，其他均为雇用之人，“皆由招考而得。写状录供、整理公牍，则有书记生；收受民事诉状，递送文书、传票，则有承发吏；搜查、逮捕、执行处刑，则有司法巡警。以上三者，皆优给工食、严杜需索”。

天津县乡谳局负责受理的刑事案件包括“凡违警罪及轻罪止于笞杖者”。其负责受理的民事案件包括两项：一是“钱债及所争物价不逾一百圆者”;二是涉及“田产界址之争讼、雇佣契约之争讼、旅客与客店及运送商账目之争讼”等,不论涉及价值多少,均可受理。

与**1906**年颁布的《大清大理院审判制法草案》相较,《天津府属试办审判厅章程》中的相关规定,扩大了乡谳局的职责范围,尤其是涉及民事案件的权限较大。

天津县乡谳局检事官的职责包括:“收受关于刑事控告各呈状”;“遇有目睹犯罪者时得略加讯问”;“监视刑事堂讯, 但民事之有关伦纪者亦同”;“指挥司法巡警执行处刑”等。

《北洋公牍类纂续编》载:“检事官为代表公益而设,凡监督裁判官之行为、纠正裁判之谬误,实与审判官在反对之列。”此后,各界愈发认识到通过检事官制约审判行为的重要性。由于天津“各乡谳局均未设有检事局”,天津知府胡远灿、天津知县胡商彝还禀陈建议:“亟应分别更正添设,以策进步。”**1910**年后,天津三级检察厅应运而生, 成为与天津三级审判厅并行且与之配套的独立机构。

《天津府属试办审判厅章程》第二十条、第二十一条,还规定了书记官、书记生的职责。书记官的职责为:“招录口供;核议文牍;整理、保存诉讼文牍案件;管理会计及庶务事宜;核算诉讼费用。”书记生的职责为:“受书记官之指挥,分理文书、会计、庶务事宜;受书记官之委托招录口供;代递状人写状;抄发案底,缀订档案;缮写申详报告、示谕等一切文牍。”由于天津县各乡谳局开局初期,因人员不敷使用,往往是书记官与书记生合二为一,因此,

第二十二条规定:“乡谳局书记官之职务,兼用前二条之规定。”

虽然与《天津府属试办审判厅章程》配套实施的《天津府属试办审判厅员弁职守》未及制订《乡谳局办事规则》,但在实践过程中,基本上还是参照天津地审厅的办案和管理模式行事。

选派能够胜任职责的法官、检察官等司法官吏,是确保天津三级审判厅局顺利开办的一个重要前提。

1907 年 3 月 1 日公布的袁世凯《札委天津审判厅各员文》载,天津府知府凌福彭开列的一部分审判各员中,包括乡谳局承审员(也称承审官)三名,即:候补知县徐永桀、大挑知县陆维炘(也有载为陆维圻的情形)、候补知县丁其慰。后经袁世凯根据试验成绩的优劣,又核委了一部分审判人员。其中包括“原拟乡谳局承审员之候补知县王树泰”。又据《大公报》1907 年 3 月 11 日《上院谢委》载:“李大令祖熙,札委天津乡谳局审判官。”同日《大令撤委》载:“闻县署发审委员王大令树泰,已于日前撤委。”大令,即知县的别称。此处所载的大令,即具备知县任职资格之意。

20 世纪 30 年代初,丁其慰(二排右一)与启新洋灰公司同仁合影

根据文献记载,丁其慰是咸水沽乡谳局首任承审官。丁其慰,字雨庄,河南人,监生出身,1902 年分

发直隶省任职，1907—1909年任咸水沽乡谳局承审官。1911年任天津巡警道委员。1913年任天津警察厅科长。1914—1920年任唐山警察局局长。1920年任署理深县知事。1928年任华北工业协会干事。1930年前后在启新洋灰公司任职。

《大公报》对天津县四个乡谳局的设置、开局以及部分审判人员调动等情，记载较为具体。以下未标明出处者，均据《大公报》所载整理点校。

1907年3月4日《赶缮札谕》："审判厅刻间赶缮高等、地方及城谳、乡谳各局书记官札谕。计分之为三：一、高等；二、地方审判厅书记官各四员；三、城谳局与乡谳局书记官各三员。不日札发，饬令该员任事，想开局亦在指顾间耳。"

1907年3月9日《查验庙房》："日昨，邑尊章大令，赴西双庙（即双忠庙）查验庙房。闻拟将占用，以备设立审判分厅，未知确否。"此举是为永丰屯乡谳局选址。

1907年3月19日《木偶迁出》："河北关上小药王庙，现改设乡谳局。昨将木偶及供桌等件，已一律迁往他处。"此即赵家场乡谳局。

1907年3月20日《分设乡谳》："审判厅初十日（即1907年3月23日）开办，已纪前报。其东南西北各村镇，分设之乡谳局计有四处：一、杨柳青；二、赵家场；三、咸水沽；四、永丰屯，并派承审官、检事官、书记官各一员，分治地方事宜。统于初十日一律开办。日昨，该厅已将薪工银两并纸笔墨砚，一并分发，以资办公。并闻，府尊李太守（即代理天津府知府李兆珍）是日到厅，查验一切。"实际上，天津县各乡谳局并未如期开局，开局日期因准备不充分而推迟。

1907 年 **3** 月 **20** 日《书记改派》："南皮县廪生殷鸿恩，前经府署取中正额书记生。因该生回籍来迟，有误卯期，已将该生派归乡谳局，充当书记差使。"

1907 年 **3** 月 **26** 日《准理债务》："审判厅定章，债务至百两以内者，应归乡谳局审理。日昨，有赵兰、訾作奎、于化南、李梦桥等，赴厅控告。债务均在百两以内，因乡谳局尚未开办，姑从宽准理。"

1907 年 **3** 月 **30** 日《审判厅示》："为出示晓谕事。照得前奉督宪(即直隶总督袁世凯)谕，饬令即试办裁判，先由天津办起。等因。蒙此当经妥议章程、勘定地址，在天津县署东设立地方审判厅公署，并在附近郭赵家场、永丰屯、杨柳青、咸水沽等处，各立乡谳局一处。现在，本厅择于光绪三十三年二月初十日(即 **1907** 年 **3** 月 **23** 日)开办，除分别申报移行外，诚恐乡民未及周知，合行摘录简明章程，出示晓谕。为此示仰合邑军民人等，一体知悉。日后，遇有命盗及户婚、钱债一切案件，均应查照后开规则，分别赴厅、赴局，随时据实控诉，毋庸再赴天津县衙门呈告，以免周折。毋违。切切特示。(后开诉讼规则二十二条，字数繁冗，未便照登。)"

1907 年 **3** 月 **30** 日《暂准传讯》："陈起玉禀控卢俊亭欠款不偿一案，当经审判厅批示：凡告钱债，必须数在百元以内者，方能准理。该民人原控借款，仅止十元，为数无几，照章应自赴乡谳局呈控。惟现在四乡谳局尚未开办，暂准传讯，自后不得援以为例。"

本埠

本埠

本埠

本埠

《大公报》1907 年 3 月 22 日《县署牌示》(《顺天时报》1907 年 3 月 29 日《天津通信》也载此牌示)以及 3 月 24 日《分发示谕》《牌示照登》、3 月 30 日《审判厅示》、3 月 31 日《天津高等审判分厅示》《地方审判厅牌示》

1907 年 3 月 31 日《天津高等审判分厅示》:“为出示晓谕事。照得津郡试办裁判,先由天津办起,专设地方审判厅并乡谳局四区。该厅摘叙简明章程,示谕在案。本厅为上级审判厅,专理阖郡审理刑事、民事案件,定于本月初十日开办,业经军民人等上控之案,现与地方审判厅同日开办。除分行沧、南、青、静、庆、盐六州县知照外,合行摘叙简明章程,出示晓谕。为此,示仰阖郡军民人等,一体知悉。嗣后来厅上控之案,均应遵照后开规则,投递诉状。毋违。切切特示。(后开规则十八条,字冗不载。)”

1907 年 4 月 6 日《定期开局》:“审判厅业经开办。其城谳、乡谳各局,尚未分设,以故暂行准理案件颇多。闻现拟定各局,均于三月初一日(即 1907 年 4 月 13 日)开局,初六日(4 月 18 日)

放告,以资分治。"放告即受理诉讼之意。

1907年4月6日《详请休息》:"地方审判厅公事忙碌。所有谳员及书记官生,异常劳瘁。闻该厅已详请上宪,有按照星期休息之说,未知能否实行。"这表明,由于天津县各乡谳局推迟开局,导致天津地方审判厅应接不暇,颇形忙碌。

1907年4月10日《定期考验》:"乡谳局开办日期,已详本报。现闻拟招司法巡警二十名,于三月初一日考验,以资办公。"

1907年4月13日《城谳开办》:"城谳、乡谳各局,定于初一日入局。初六日放告,早纪本报。昨见西吕祖堂内改设之城谳局工程,业经落成。闻凡民事钱债数在百元以下、刑事在徒罪以下之案,均可准理。"

据此可知,永丰屯乡谳局已设于西头吕祖堂内。而《大公报》再次载明天津县乡谳局均于初一(4月13日)入局(即开局典礼)、初六日(4月18日)受理诉讼,表明这两个时间是直隶省当局设定的统一开办时间,也是天津县四个乡谳局正式开办的标志。

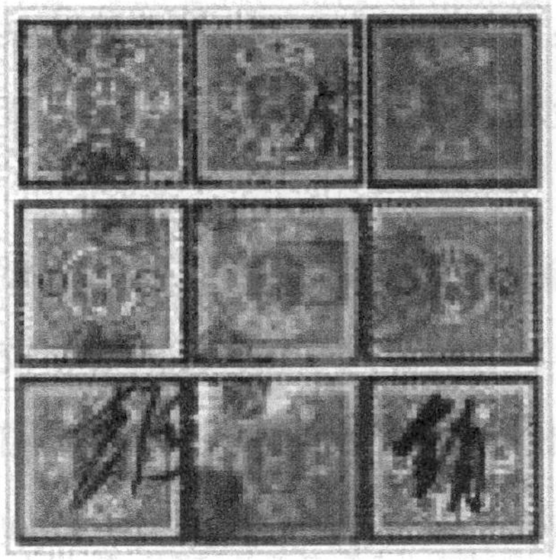

清末天津各级审判厅状纸上所贴的印纸九种(北洋官报局印制)

1907年4月14日《星期休息》:"前纪审判厅公务纷繁,所有办公各员,形神交困。曾据情详请,拟按星期休息。现经宫保(即直隶总督袁世凯)准如所请,每遇星期，除命盗重案准理外，其余钱债细故，概不管理。承审、预审、书记官（书记生），每课须留三员，以备办理重大案件。其城乡谳局，照常理事，不得援以为例。”

1907年4月15日《选派书记》：“城谳、乡谳各局，业经开办。邑尊（即天津县知县章师程）于日前，由房科中，选派谙练公事者数名，派充三等书记生，月薪八两，不日分往各局任事。”

1907年4月18日《乡谳分界》：“乡谳局西北路在青镇（即杨柳青镇）、东南路在咸水沽。其赵家场为运河北、永丰屯为运河南。划分界限。所有各局官吏警兵，均已到局。日昨，出有示谕，谓：寻常案件均由该局讯办，并谕各村正副等，以后遇有讼事，分别投诉，以便就近审理。”

1907年4月19日《赴局候谕》：“县署昨传饬津邑各处地方，分赴赵家场、永丰屯各城谳局，听候面谕。并闻各局均已悬旗开办。”

1907年5月3日《查验谳局》：“邑尊章大令（即天津县知县章师程），于十九日，赴永丰屯查验城谳局，并拟二十一日，赴青镇（即杨柳青镇）查验乡谳局。”

据此可知，虽然天津县的四个谳局统称乡谳局，但也有城谳局、乡谳局之分。分设在赵家场、永丰屯的谳局，均距天津城厢较近，均称城谳局，而分设在咸水沽、杨柳青的谳局，均距天津城厢窎远，故称乡谳局。不过，此后仍称赵家场局、永丰屯这两个谳局为乡谳局的情形多有。

1907年5月22日《判断明决》：“西永丰屯乡谳局，石某控夏某欠债一案，并有借约为凭，计欠洋一百元。经局长徐君审讯，情词各执，前后不符，碍难悬断。暗派人侦探遂得确情。次日传集，当堂彻底根究。石某同中人，皆认私造假约不讳，当堂判罚完案。人咸谓，徐君研究此案，决断明察，官场痼弊，一洗而空。”可见，乡谳局承审官也被称为乡谳局局长。

1907 年 6 月 4 日《审判厅案牍劳形》：“地方审判厅章程，民事凡百元以下、刑事徒罪以下者，均归乡谳局审理。近闻，巡警各局区，往往民事不及百元、刑事不及徒罪者，均送地方审判厅办理，致乡谳局案件寥寥。该厅则异常忙碌，可谓案牍劳形矣。”另据《顺天时报》1907 年 6 月 8 日《地方审判厅之成绩》载：“天津地方审判厅章程，凡民事百元以下、刑事徒罪以下，均归乡谳局审理。近日，巡警各局区，于民事不及百元、刑事不及徒罪者，亦皆送地方审判厅办理，以致乡谳局案件无多。该厅则异常忙碌。”据此可见，天津地审厅的审理权限过大，但下设的四个乡谳局开办之初，审理能力较差、办案效果不佳。

乡谳局开局半年之后，这种局面仍较为明显。《大公报》1907 年 9 月 1 日《分府牌示》：“晓谕事。照得现奉督宪在天津地方奏设高等分厅一处、地方审判厅一处、乡谳局四乡各一处。凡钱债及所争物价在百两以内者，又不论价值多少，系属田亩界址之争讼者，均归乡谳局收理。现其价值百两以上者，归地方审判厅审理，如有不服乡谳局之判断者，可上控于地方审判厅。不服地方审判厅之判断者，可上控于高等审判分厅。查本分府衙门，向有

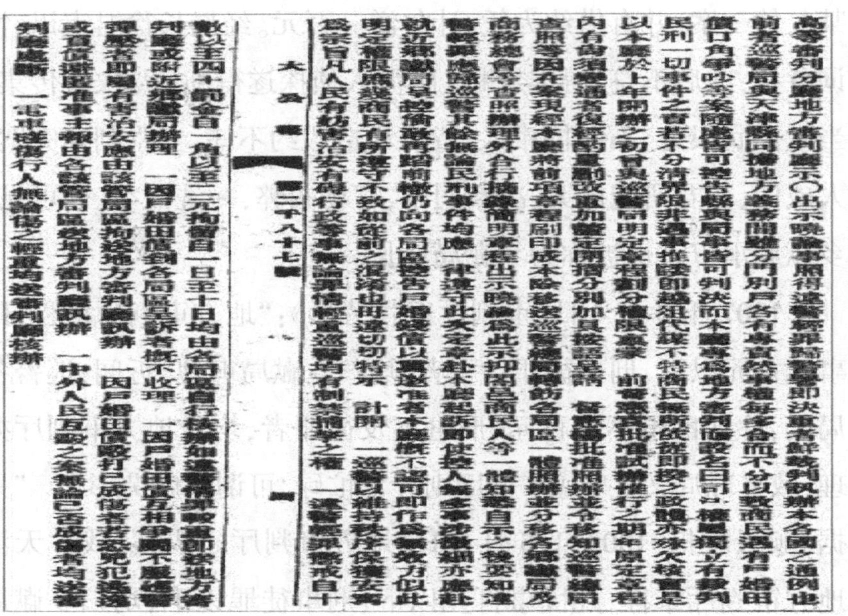

《大公报》1908 年 5 月 8 日《高等审判分厅、地方审判厅示》表明，当时又对天津审判厅、乡谳局的权限进行了重新划分

词讼，无非钱债及地亩界址，既已奏设专管厅局，本分府即无收理词讼之权。但民间未知细情，往往多照例呈递，诚恐尔等徒劳往返。为此出示晓谕，须知嗣后凡有两造争讼，应就近赴乡谳局或地方审判厅呈递，毋得图省讼费，仍至本署投递，致干驳斥。至并非两造（即诉讼双方）争讼之粮税等案，仍由本署收理。此为恪遵奏定章程起见，慎勿误会。切切特示。”据此可知，天津府河防同知（别称分府）与审判厅、乡谳局之间各有管辖范围。

1908 年 1 月 22 日《咨查各省裁判情形》：“大理院现拟于明春，将各省裁判事宜大加改良。兹已通咨各督抚，务将全省各府厅州县以及各谳局,所有一切审判情形,并监狱各项形式,是否已定改良之法,派委专员亲往调查,迅速咨复本院,以便妥订整顿之策。”

1908年12月8日《贤令擢升》:“永丰屯乡谳局徐大令永綮,山左人也。自莅差以来,诸事认真廉洁自矢,大为上游所器重。而该处居民尤交口称颂。昨闻,已经督宪擢升饶阳知县,以为贤能者劝。并闻,遗差有派李大令骏接理之信。”根据以上记载可知,徐永綮(也被载为徐永棨)即永丰屯乡谳局承审官。前文提及的“徐君”即指徐永綮。

1909年11月30日《底事撤差》:“河北审判厅警官庄公鲁、民事承审官李崇光、刑事豫审官商保树,及咸水沽正承审官商保珍等,均于昨十五日因事撤差。传闻护督崔方伯(即护理直隶总督崔永安),尚有委员查办之说,未识确否。”据此可知,咸水沽乡谳局首任承审官丁其慰离职的时间不晚于1909年,而商保珍是其继任者。

1910年1月6日《调补纪闻》:“审判厅豫审员俞大令桓,调补河北赵家场乡谳局承审官;李大令竹稀,调补杨柳青乡谳局承审官。所遗两缺,业委何大令烈、陈大令垲递补,昨已莅厅视事。”

已知赵家场乡谳局首任承审官为陆维炘。其文献依据为《藩臬两司详核议陆牧禀请推行印花状纸应俟各属设立审判厅再议举办文并批》所载,即:“光绪三十三年九月二十七日奉宪台札开,据天津赵家场乡谳局承审官候补知州陆维炘,请推广审判厅印花状纸、通饬遵办以裕经费等情。”

二、咸水沽乡谳局受理的案件

天津创办三级审判厅局伊始，就强调整饬吏治，期望“判断平允，弊绝风清”，要求“各员均应恪守功令，自顾考成”。1907年3月23日，天津“两厅”开厅之际，牌示告诫：“倘有投递信函、请托情事，即将原信送呈上宪(即袁世凯)核办。”这也是为了杜绝弊端采取的措施。

《大公报》1907年6月28日《札委督理稽查》：“闻袁宫保札委津海关道梁观察(即梁敦彦)、天津道凌观察(即凌福彭)为高等、地方两审判厅督理，李兆珍太守为两厅及四谳局总稽查，以资佐理，而昭慎重。”李兆珍上任总稽查后，强调廉洁奉公、秉公执法，很好地贯彻了天津试办审判机构的初衷。

李兆珍在《谕“两厅四局”审判书记各员文》中现身说法：“兆珍自奉宫保(即袁世凯)札委考验处坐办，有柬招饮食者，概从谢绝，亦不酬答，迄今三阅月矣。”“今复奉宫保委为两厅四局总稽查，更当谨守此意，愿我同僚亦屏却一切酬应。”李兆珍呼吁：“凡属厅局当差人员，所万万不可沾染者，一曰收受贿赂、一曰瞻徇情面。”李兆珍强调自律：“有柬招饮食者，概从谢绝，亦不酬答，迄今三阅月。”李兆珍公开号召：“愿我同僚，亦屏却一切酬应。昼间厅中有事，本无闲暇之时，事毕归寓，尤当读书、读律。谁无亲友？星期尽可往来。即偶逢不可已之宴会，间有本地公正绅士，亦无妨藉此观摩。此外，则断不容交纳。”

1907年7月18日，袁世凯上奏《天津府试办审判厅情形折》称,“所有两厅及谳局办事人员,就平日研究谳法,暨由日本法政学校毕业回国之成绩最优者,并原有府县发审各员,先令学习研究。试验合格,分别派充。故,人争濯磨,尚无滥竽充数之事……现经试办数月,积牍一空,民间称便”。由于明定讼费,“丝毫不容出入,是以行之数月,民间翕然从风,良由费省而事便,(官吏)无从上下其手”。

天津的审判试点“于变通旧法之中,寓审慎新章之意”“开一省之先”,不仅成为“各省创办审判之始”“法院编制之先声”,而且极力倡导的“厘正陋规、力杜中饱”之举,也很值得称道。“当法律未备之时,为权宜开办之计,调和新旧,最称允协,洵足为前事之师”,各地遂竞相仿效。一时间,“全国皆视此次成绩为断”。清政府制订普适性的《各级审判厅试办章程》《法院编制法》时,也借鉴天津先行先试的经验。

法部对天津大胆尝试的司法实践,给予过很高评价,认为此章程可操作性强,颇具借鉴价值。如《申报》1907 年 7 月 2 日《调取天津审判成案(北京)》载:“大理院张仁黼正卿,以京师审判厅及裁判所将次设立,虽经奏准妥善章程,而事涉初创,未必遽易收效。拟即遴委妥员,前赴天津,将该埠办理之审判厅成案,调取来京,酌参损益,以保司法独立之权限。”

具体到咸水沽乡谳局来说,1907 年 4 月 13 日开局后,十里八乡的村民告状方便多了。而开设乡谳局之前,当地乡民状告无门的情形多有,不少纠纷甚至是命案,大都通过内部传统的自治体系私自化解，纵然遭遇不公，也只能是忍气吞声。

如《大公报》1906年2月25日《命案三则》："海下咸水沽镇，有裕顺东染店亏累。店东李玉壶，将该店铺掌王某驱逐出店。王因羞愧，自服洋烟身死。又，该镇有陆某，在天津谋食。日前回家，因家务与妻陆邵氏口角。氏因气忿，自服洋火身死。又，该镇左近南马头村民妇孙氏，于日前因家务口角，自行投缸身死。均已经人和息，全未成讼。"文中提及的"和息"，即指调处和解，以息争讼。

而当地乡民伸张正义的意识迅速增强，对咸水沽乡谳局审判人员的办案能力也是很大考验。已知该局受理过不少案件。这些案件五花八门，甚至是千奇百怪。从中可窥见咸水沽社会生态之一斑。以下所载，均为从《大公报》搜检所得。

1907年7月29日《命案何多》："咸水沽王振起之妻王李氏，不知因何，服食洋火。越日，毒发身死。经审判厅龚大令往验。"龚大令即天津地方审判厅预审官、候补知县龚世昌。

1907年12月16日《拐带被获》："咸水沽人赵福成与宫彩明二人相识。赵前托宫购买牲畜一头，价洋未付。宫屡赴赵家，坐索钱文。日前，乘赵外出，宫竟将其妻赵刘氏拐逃。赵即赴乡谳局控告。当经饬差拘获，解送审判厅讯办。"

1908年3月23日《窃犯判罚苦工》："咸水沽乡谳局函送，窃犯王全曾供认得赃三十两不讳。日前，经地方审判厅判罚苦工一月矣。"

1908年4月10日《罚银示惩》："咸水沽因有某案在审判厅涉

讼，经谳员堂讯数次。两造各执一词，无凭核断，曾派司法巡警往传该村村正，以定曲直，讵传经数次，并不来案。日前，始行催到谳员丁大令，以该村正误公抗传，遂判罚银十两，以为玩愒者戒。”

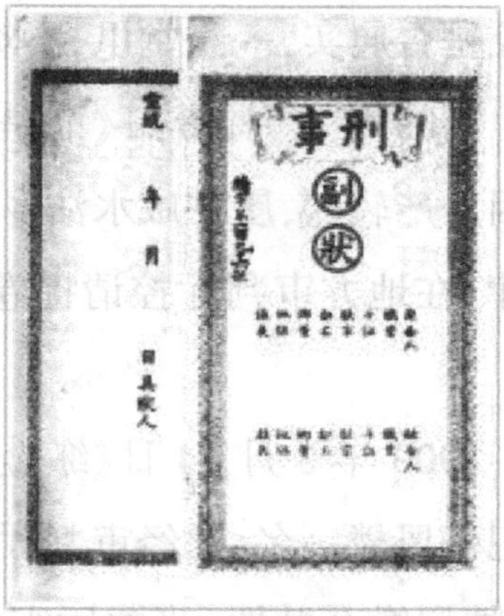

宣统年间的刑事诉状(副状)

1908 年 **8** 月 **31** 日《叔嫂涉讼》：“咸水沽村孀妇韩李氏，年在三十余岁。前因其子患病，延有该处开设药铺之傅文起诊治，来往日久，子病已愈。而该氏竟改嫁傅文起为妻，现已怀孕五月。昨有氏之族弟韩二，在乡谳局控告，详送审判厅讯明，断令韩二，将侄领回留养。俟氏孕产后，罚氏及傅均当苦力八十天，罪满仍为夫妇，以示儆戒。”

1908 年 **9** 月 **23** 日《兄弟构讼》：“咸水沽村居民李国斌，昨在审判厅呈称，伊父在日积有白银三百两，储存于次子国治名下。刻间，父故。除将银百两治丧外，余剩二百两，理应兄弟均分。不意，国治竟将此款私吞并，未给伊分文等语。恳请厅宪传案讯究。”

1909 年 **1** 月 **12** 日《挟嫌害人》：“中棠洼(即中塘洼)农民薛宗椿，昨赴审判厅控称，该村赵玉堂素行无赖，近因讹索未遂，挟嫌图害，暗付工人王小香红矾一块，谓如能将某某等药死一人，给洋百元，药死一牲，给洋十元。幸该工人不为利动，径赴咸水沽乡谳局，据情告知。局宪传讯，供认不讳，恳乞提案惩办等语。想所控是否属实，一经堂讯，不难水落石出。”

1909年2月18日《谁是谁非》：“下河滩有农民李某，系某者因房产轇轕，屡在咸水沽乡谳局涉讼，迄未定谳。昨闻李某复来津，在地方审判厅控请提卷讯究，以期解决，未悉厅宪允准与否。”

1909年3月24日《缴金赎罪》：“咸水沽乡谳局，前曾抓获赌犯张凤楼一名，送经审判厅，判罚苦工在案。嗣因该犯一再哀求，情愿缴金赎罪，当蒙厅宪俯准。于昨将款缴齐，当堂具结释放。”

1909年5月28日《窃犯投河》：“昨闻咸水沽武汛巡兵，曾在某处拿获窃犯张玉山一名，押往起赃时，路过河岸，偶未留神，该犯乘间跳入河内，希图就此脱逃。讵料不谙水性，竟遭灭顶。后经该处地方打捞上岸，赶赴审判厅，报案请验。”

1909年8月21日《又一命案》：“咸水沽村民刘家声，昨与邻人李发，偶因细故，大起冲突，业经多人劝散。讵料李某归家之后，含忿莫释，竟尔服毒身死。当由该村地方，赶赴审判厅，报经谳员俞大令，带同仵作，前往验明，委系被殴后吞烟身死，除饬尸属将尸殓埋外，当将凶犯刘家声带案究办。”

1909年9月12日《限满提释》：“葛沽农民王大才，前因某案误控不实，被咸水沽乡谳局送经审判厅，判罚苦工二十日在案。昨届限满，提案讯明，取具安分切结，当堂开释。”

1909年9月16日《保释押犯》：“咸水沽居民刘宝奎，前因私售吗啡，被该处巡警抓送审判厅管押在案，尚未讯结。昨有王永福等联名赴局禀称，该犯家有父母，侍养无人，恳即恩准从宽保释等语。未知可邀允准否。”

1909年9月19日《究竟谁欠》：“商民杨杏桥，前在审判厅呈控咸水沽农民崔和欠款不偿各节，业经堂讯，断令变卖地亩如数归清完案。讵昨崔和孀嫂崔赵氏具禀赴厅，声称伊家并非欠款正主，仍求察情理断，以昭公允。未悉能邀允准否。”

1910年1月21日《死得不明》：“昨有咸水沽村民于元章，具呈审判厅控称，涌源楼首饰铺铺掌王小鹏，前在乡谳局呈控其父保欠不还一案，业经该局断令三日如数交款。讵料，其父下堂后，不知何故，越日竟行身死，恳即委员诣验，以雪父冤等语。有无别情，验明必悉。”

1910年5月22日《命案归官》：“咸水沽农民张永泰之儿媳马氏，日前不知何故，吞烟毙命。业经邻里出为说合，许以厚葬了结。讵昨甫经棺殓，尸父马自发，当以未曾修经，大肆咆哮。事后复在审判厅据情控告，未悉该厅若何判结。”

以上仅为咸水沽乡谳局开办三年以来，《大公报》披露的少部分相关案件。有的咸水沽乡民经由咸水沽乡谳局或径赴高审厅、地审厅禀控的情况，亦非鲜见。这些光怪陆离的案件，既能说明咸水沽乡谳局的办案特点，也折射出咸水沽一带的民风民情。

三、乡谳局裁撤后改设初审厅

《大公报》1909年9月19日刊载清政府法部拟定的《各省

城商埠各级审判检察厅编制大纲》,共计十二条。其中规定:“凡省城商埠同在一处者,设高等审判一所,凡首县各设地方审判厅一所、初级审判厅一所或二所。”“凡省城商埠之初级审判厅,每庭各设单独推事(即法官)一人或二人,书记生如推事之数。”“凡省城商埠各级审判厅,俱各设同等之检察厅,其厅所即附于各审判厅之内”“初级检察厅设检察官一人、书记生一人或二人”。1910年2月7日,清政府又公布《法院编制法》,对初级审判厅的设置、权限、管辖范围等均做出具体规定。

此后,拉开了审判厅官制改革的帷幕。1910年,直隶按察使齐耀琳《详天津各级审判检察厅遵照新章筹办情形文》建议划分权限:“从前试办章程,天津府县虽不专亲审判,而仍兼厅长之职。盖因一切文件既用守令印信,不能使府县不任责成。现既恭奉明谕,司法独立,自应钦遵办理。嗣后,天津府县毋庸再兼厅长。第值改章伊始,筹办一切头绪纷繁,该府县仍当随事匡勷,以收互相补助之益。庶行政与司法既免混淆,自无侵越。此划分权限之办法也。”齐耀琳认为,此属“目下切要之图,如蒙允准照办,应以本年四月初一日(即1910年5月9日)为实行之期”。

直隶总督陈夔龙对于臬司筹议的“厘改厅名、酌定员额、酌留书记、划分权限、请刊关防钤记、核计经费”等天津各级审判厅改良办法,予以赞同,批示“由司分行遵照”。其中:“天津高等审判分厅暨地方审判厅名称均仍其旧,惟须各设同等检察厅以与审判各厅相配置。其乡谳局四处,应改初级审判厅,冠以第一、第

二、第三、第四字样，以示区别。至初级检察厅此时事务尚简，暂从缓设，应准照办。”“初级审判各厅额支每月二百三十八两三钱（每年二千八百五十九两六钱），活支每年约一千七百六十七两。”“第一初级厅设独任推事一员，主簿、录事各一员。其余初级三厅各设独任推事一员，主簿一员。”但此后未见天津初审厅设置主簿的记载，而是均称录事。

《大公报》1910 年 5 月 7 日《官制已改》：“查筹备宪政清单内，载有全国审判厅应于本年一律成立。兹闻，督宪陈制军（即陈夔龙）遵照法部奏定章程，改订官制。所有前高等厅长天津府、地方厅长天津县，现已裁撤，改设：高等厅丞一，正四品（即前之厅长兼刑庭推事）；高等民庭推事一，正五品（即前之民事部长）；推事官八，正六品（即前之承审官）；主簿，正七品（即前之头等书记官）；典簿，正八品（即前之二等书记官）；录事，正九品（即前之三等书记官）。地方厅长一，从四品，兼刑庭推事；民庭推事，从五品；推事官，从六品；主簿，从七品；典簿，从八品；录事，从九品。检事局改为检察厅。其余内容如何，尚待调查。”高审厅、地审厅机构改革后，天津县四个乡谳局也分别改为天津县四个初级审判厅，仍归天津地审厅节制。

《大公报》1910 年 7 月 16 日《赶造清册》：“审判厅统计处，现在赶造高等、地方两厅及杨柳青、咸水沽、赵家场、永丰屯四处初级审判厅并检验传习所，五月份收支各款四柱清册，以凭送呈财政局，查核存案。”

当时，永丰屯乡谳局已改称天津县第一初级审判厅，赵家场乡谳局已改称天津县第二初级审判厅，咸水沽乡谳局已改称天津县第三初级审判厅，杨柳青乡谳局已改称天津县第四初级审判厅。

《大公报》1910 年 8 月 10 日《是宜严禁》："咸水沽某巡警，诱拐良人妻女一案，早纪本报。兹加调查，附近各乡巡警，往往藉缝洗衣物、出入民家者，亦复不少，虽有无暧昧情事，不敢确定。然究属不合警章，防微杜渐是在有该管之责者。"

《大公报》1910 年 10 月 12 日《审判厅将移》："南马路自治总局刻已迁移他处，所有腾出各房，闻河北赵家场初级审判厅及检验习学所，不日一并迁入，以资办公。"

《大公报》1910 年 11 月 2 日《审判厅已迁》："河北关上小药王庙初级审判厅，因地势狭隘，不敷应用，刻已迁至南马路县署旁天津县地方审判厅旧址内，以资办公。"文中提及的"河北关上小药王庙初级审判厅"即赵家场第一初级审判厅的别称。此后也称"南马路第一初级审判厅"。

《大公报》1910 年 11 月 25 日《权限扩充》："津邑各乡谳局原定章程，凡民事案钱财不过百两、刑事案不过徒罪，均归该局办理。自经改为初级审判厅后，权限亦随之扩充。如民事案二百两以下、刑事案徒罪以上者，亦可审判云。"

《大公报》1910 年 12 月 4 日《一蹶不起》："海河二局巡警，昨在咸水沽居民倪姓院内，抓获赌犯朱某、王某、刘某、张某等四人，甫到警局门首，朱某忽然滑倒在地，逾时气绝。该处地方深恐其中另有别情,当即禀明审判厅,派员诣验。”

《大公报》1910 年 12 月 28 日《审判厅之入款》:“本埠自创办各级审判厅以来,原为司法独立、收回治外法权起见,乃人言啧啧,皆谓该厅黑暗异常,弊胜于利。兹将各厅每年收入之印花费、状纸费以及讼费,调查如下:……又,永丰屯第一初级审判厅收印花费银三千八百二十九两零,收各种状纸费三百四十一两零,收讼费二百一十九两零;又,赵家场第二初级审判厅,收印花费银二千九十七两零,收状纸费一百四十九两零,收讼费二百四十两零;又,咸水沽第三初级审判厅,收印花费银一千九百一十九两零,收各种状纸费一四十九两零,收讼费二百九十六两零;又,杨柳青第四初级审判厅,收印花费银七百六十三两零,收各种状纸费四十四两零,收讼费五十七两零。又,各厅每年收折赎罚金二千一百七十一两零以上。总名为司法入款,统计共银三万三千二百八十八两有奇。此乃见诸公牍者,谅无错误。故特详录于此,以为关心时局者,一留意焉。”

《大公报》1910 年 12 月 28 日《押犯私逃》:“海下咸水沽第三初级审判厅,于昨(二十三日)逃走拐骗财物之押犯某甲一名。厅长潘大令,已将看守巡警薛乃勋收入拘留所,以为玩公者戒。”潘大令即咸水沽第三初级审判厅试办推事潘绍基。

《大公报》1911 年 2 月 8 日《擢升检察》:“天津初级第三检察官戚运机(即戚运玑)大令,昨经直隶提法司擢升高等检察官。所遗斯缺,当委地方审判厅推事官王大令曰端,接充。”

1911年初，直隶总督陈夔龙奏请为天津四处初级审判厅（全国88个，其中直隶省7个）和天津四处初级监察厅正式颁发印信，明确配置厅员，并强调要遵循直隶省各级审判厅、检察厅办事规则行事。咸水沽设天津县第三初级审判厅（从六品推事、从九品录事等员）、天津县第三初级检察厅（配置检察官、录事各一名）。

宣统二年十二月二十四日（1911年1月24日）出版的《政治官报》第1166号第13—15页，载有《直隶总督陈夔龙奏省城商埠各级审判检察等厅开办日期等折并单》：

奏为省城商埠各级审判、检察等厅开办日期情形，拟订各项章程规则并请颁发印信，恭折仰祈圣鉴事：

窃查省城商埠各级审判厅按照筹备清单，年内应行成立，天津各厅开办最早，原订章程规则与新颁法制颇多歧异。现在，省城暨张家口商埠各厅次第开办，欲期厅制整齐，非将章程规则详细厘订，不足以资遵守。前经委派厅丞俞纪琦等妥为拟订，送由提法司，汇核详定。窃以此项章程规则，必以法院编制法为标准。惟《法院编制法》系构成裁判之大纲，一切诉讼手续则必依诉讼律之规定。今《民刑诉讼律》尚未颁行，而法部《奏定各级审判厅试办章程》，又在《法院编制法》颁布之前。今昔情形不无异同，当此过渡之际，宜筹适用之规。阅时数月，刻已告成，虽事理或有未周，而规模固已粗具。

查现订章程规则，共分二类，订为四册。

一为《直隶省各级审判检察厅暂行章程》,其间章节条款以法部奏定试办章程为依据。凡已经《法院编制法》规定者,应即遵照添改;其未经规定者,本诸馆部历次奏咨各案,参照编辑,俾臻完善,用示率循。

一为《直隶省各级审判厅办事规则》,暨《直隶省各级检察厅办事规则》《直隶省看守所暂行规则》。仿照各处已办成规,参以本省民情习惯,斟酌损益,务期允协。此外,如各厅应用公文、票纸、表册、簿籍等项,均已厘定画一程式,并将卷宗力图改良,附卷各件尺寸大小。皆归一律,俾可集订成本,力祛旧日零散不齐之弊。仍此分别拟订,大致厘然,实于审判前途不无裨益。其有未尽事宜,仍当随时修改,以昭慎重。

至省城及张家口商埠各级审判厅暨看守所,十月间均已竣工,应备各事亦经布置就绪。法官在京录取者,近多来省,书记官亦分别考验,以备任用,兹定于本年十二月十五日(1911年12月15日)开厅。所有直省厅数、员额,前经按切事势酌核议定,由司详经咨部在案。

此事属初创,端绪纷繁,此次分发各员,甫经到直,学理虽有心得,情形不免生疏。且直省命盗重案之难结者,向皆饬交保定府发审局审办。现高等厅业经成立,前项案件应即归厅审理。特恐接手之初,难期接洽,拟暂就发审局委员中,择其精通法学、资格较深、素有治狱经验者,饬到厅清理移交积案,将来再行察酌更调,一面即令新分法官实地练习,俟试办数月,由司详加考察,遵照部章，择其成绩最优者，先行委署津厅。原有人员不乏可用之才，亦拟酌量调用，俾资熟手。唯天津为通商巨埠，华洋杂处，时有交涉案件。厅丞、检察长在津有年，办理尚属合宜。省厅成立之后，固属责无旁贷，而津厅事务繁重，亦应随时兼顾，以收驾轻就熟之效。

再，各厅开办之初，前经刊发木质关防钤记，暂资印用。兹既一律成立，应请敕下礼部，铸造新印二十二颗，颁发来直，分给祇领，以昭信守。据提法使齐耀琳详请奏咨前来，臣复核无异，谨将拟请颁铸各厅印信缮单，恭呈御览。

除章程规则咨送法部立案、暨咨礼部查照外，理合恭折具陈，伏乞皇上圣鉴，敕部核办施行。谨奏。宣统二年十二月二十一日（即 **1911** 年 **1** 月 **21** 日）。奉朱批："该部知道，单并发。钦此。"

谨将颁铸各厅印信，缮具清单，恭呈御览。计开：

直隶高等审判厅印一颗，天津高等审判分厅印一颗，保定府地方审判厅印一颗，天津府地方审判厅印一颗，张家口地方审判分厅印一颗，清苑县初级审判厅印一颗，天津县第一初级审判厅印一颗，天津县第二初级审判厅印一颗，天津县第三初级审判厅印一颗，天津县第四初级审判厅印一颗，张家口初级审判厅印一颗；直隶高等检察厅印一颗，天津高等检察分厅印一颗，保定府地方检察厅印一颗，天津府地方检察厅印一颗，张家口地方检察分厅印一颗，清苑县初级检察厅印一颗，天津县第一初级检察厅印一颗，天津县第二初级检察厅印一颗，天津县第三初级检察厅印一颗，天津县第四初级检察厅印一颗，张家口初级检察厅印一颗。以上共计印信二十二颗。

宣统二年十二月二十一日。奉朱批览，钦此。

《天津通志·审判志》载：宣统三年三月（1911 年 3 月 30 日至 4 月 28 日之间），直隶省当局因财政困难，“将天津第一初级审判厅、第二初级审判厅合并为一个审判厅，地址位于南马路。咸水沽初级审判厅、杨柳青初级审判厅照旧设立。”据前文所引《大公报》记载，位于赵家场的天津第二初级审判厅已于 1910 年 11 月份迁至位于南马路的原地审厅办公。而与之合署办公的天津第一初级审判厅，原位于永丰屯。也就是说，将第一厅、第二厅合二为一后，仍称第一初审厅。

《大公报》1911 年 9 月 28 日《印信发到》：“天津高等审判分厅、高等检察分厅、地方审判厅、地方检察厅，并第一、第二、第三初级审判厅，及三处初级检察厅印信十颗，业经法部颁发到津，不日当即启用。”这表明，第四初级审判厅的建制已被裁缺。

清政府内阁印铸局于 1911 年冬印行的《职官录（宣统三年冬季）》，载有天津初审厅、初检厅职官录。由于第一厅、第二厅已于宣统三月改在南马路合署办公，该职官录编者仅仅理解为第二厅被裁撤，因此仍保留第三厅（位于咸水沽）、第四厅（位于杨柳青）编制。

《职官录（宣统三年冬季）》开列的第三初审厅厅员为：试办推事潘绍基，安徽婺源县（后属江西省）人，监生出身；试办录事毓芳，满洲镶蓝旗人，举人出身；试办推事吴重彬，山东海丰县人，优贡出身。又开列第三初检厅厅员，即：试办检察官王曰端，安徽怀宁县人，监生出身。他们当时都在咸水沽办公。

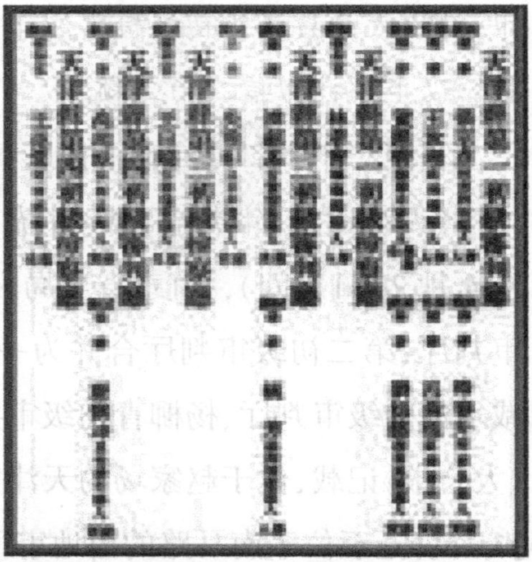
《职官录(宣统三年冬季)》第5册所载天津初审厅、初检厅职官名录

实际上，按照更名逻辑，第三厅、第四厅已依次改称第二厅、第三厅了。换言之，咸水沽乡谳局1910年改称天津县第三初审厅后，1911年又被改为第二初审厅。

《大公报》1911年10月26日《添员佐理》："昨闻地方审判、检察两厅司法官会议，民事控案按照部章，银数不及二百两；刑事控案，罪名不及徒流者，均应归初级审判厅审理。惟南马路第一初级审判厅，设在城厢，控案较繁，且徒流以下刑事案件尤多，拟即添派检言吏二任，以资办公。"

《大公报》1911年11月26日《审判厅无款》："本埠审判厅司法各官，上月月薪虽已照数领去，然因款项不符，所有书记生及司法巡警、承发吏等，尚未发足。昨闻，初级审判厅已将售卖印花之款，解归地方审判厅，作为本月月薪。其数相差尚多，未悉如何抵补。"

中华民国成立后,各地初审厅、初检厅长官的任命,均须由司法总长呈请大总统任命。经过专业训练的法律人才,不断被充实到天津各级审判厅中,法官素质和办案质量有所提升。

《大公报》1912年7月26日《分发学习书记》:"北洋法政别科毕业生陈绳祖、宗景镛、张永德、朱丹、胡汝翼、李葆初、李振鹏、鲁同恩、王鹤年、王文元等,业经提法司饬令开写履历、携带文凭,来司验看完毕,遂将陈绳祖、宗景镛、张永德三名,分发高等检察分厅学习,书记官朱丹、胡汝翼、李葆初、李振鹏四名,分发地方审判厅学习,书记官鲁同恩、王鹤年、王文元三名,分发初级审判厅学习书记官。"

《大公报》1913年2月28日《部令录要·司法部布告》载:"本月十四日第四号布告内开,王祖纬等十员,查系曾领有律师证书人员,依《律师暂行章程》第十五条规定,未便兼任各厅公职,应俟各该员等呈明志愿,并请撤销登录后,再行酌派等语。兹据王祖纬、何玉振、马士杰、杜荫溥等四员,呈愿派厅练习,并声明前领律师证书尚未登录等情。王祖纬已有令,派赴京师地方审判厅练习实务。其何玉振、马士杰、杜荫溥等,均据呈明已在天津审判、检察各厅练习,自应饬留。"其中,马士杰后被派往咸水沽,任第二初审厅检察官。

《大公报》1913年3月8日《法官奈何》:"天津各级审判厅近奉法部来文,凡充各级厅推、检各官,必须有三年法律毕业文凭者,始为合格,否则应请退职云云。惟闻各级检、推各官,有此文凭者,甚属寥寥,未悉若何办理。"4 月 12 日《体恤法官》又载:"天津各级审判厅改组办法限定法官资格,以法律三年以上毕业者为合格。现闻司法筹备处,以各该厅前充法官之人及格者,甚属寥寥。然承审多年,不无微劳,若一旦谢绝,恐滋怨谤。遂商之民政长,拟将各级厅不及格之法官,一律造册,送归行政公署存案,量材器使。业经民政长准如所请。"

《申报》1913 年 4 月 9 日《命令》:"司法总长许世英呈请任命:……乔鸿声署直隶天津第二初级审判厅推事,陈绳祖署直隶天津第三初级审判厅推事……李鸿文署直隶天津第一初级检察厅检察官,马士杰署直隶天津第二初级检察厅检察官,卢士杰署直隶天津第三初级检察厅检察官……应照准此令。"又据 1913 年 5 月 5 日《临时大总统令》:"司法总长许世英呈请任命:"赵毓桂署直隶天津第一初级审判厅推事。"

四、咸水沽初审厅的审判活动

咸水沽乡谳局改为初级审判厅后的审判活动,早年报章不乏记载。其中,时任推事的潘绍基,曾因办案缺乏人性化而引起过非议。

《大公报》1911 年 3 月 30 日《来函》:"大公报大主笔鉴,敬启者,敝族人王廷桂,向在海下教读,家中以养海船为生,皆系父兄理事。近年,海船生意赔累,外债积多,父兄又相继去世。客腊,有曾姓债主,在咸水沽审判厅控告,为典地追款之案。该厅官潘君,不容卖地还债,竟将王廷桂押责。当此禁止刑讯之时,为二百元之债务,尚有典地相抵,竟至动刑,殊属不理之极。弟因患病,不得已,函致族兄王子芬,托其速将该地卖出,了结此案。王廷桂之债主尚多,仅有海船一只,价约千金之谱。前又有该船驾掌(即使船执事),因上年修理船身,垫洋二百五十元,在咸水沽审判厅控告。该厅潘君,当即出封条,将海船发封,拘限还洋。王廷桂家无隔宿之粮,焉能筹还此款?恳求多人,当堂讨保,情愿将船卖出,先还驾掌二百五十元。而潘不准勒限,五天缴洋,否则,将千金之船即卖二百五十元还驾掌。王廷桂自念船既被封,何能出卖?若五天之后,将船归官卖二百五十元了案,而他债又何能偿?知弟尚在病中,昨晚来信一封,内言,早晚将寻短见云云。窃思该厅官,不知按照何律断案,似此暗无天日,实堪痛恨。弟病体支离,亦无可如何。现不知王廷桂是死是活,惟有一面函达族兄王子芬,出为料理,一面请贵报将此信登入来函栏内,使潘君稍知警悟,不但此案或能申雪,即他案亦可不至冤抑多多也。此请大安,名另具。"文中提及的"厅官潘君"即推事潘绍基。

《大公报》1911年3月31日《闲评(二)》:"停止刑讯之谕,已不啻三令五申。凡在官吏,宜皆凛遵无违矣。乃咸水沽厅官潘某,依然如痴如聋,于钱债细故,擅用刑责,可谓目无国法何物。厅官胆敢弁髦王章,残民以逞若此,吾不知上级司法官,亦微有所闻,而能使之不纵毒于咸水沽否?"

《大公报》1911年4月6日《来函》:"大公报大主笔鉴,敬启者,辅廷等,因前有曾姓,在咸水沽审判厅呈控王廷贵欠款一案,业经堂讯，判令依限清还。奈王廷贵因一时款难筹措，情急无法，随即函致伊叔，告知一切，并云，欲寻短见。时伊叔正在病中，悯其情苦，除另函托人料理外，并登报声明，异幸警悟，潘君得以和平了结。现仆等念两造乡谊，出为调停，当堂讨了。厅长潘君甚为许可，亦即恩准。仆等查此案实在情形，不过因王廷贵势窘情迫，无法可施，遂与伊叔达函，未免所言有过甚之处。其实，潘君并无激烈情事，仆等兹特代为登报，以明此案之结局。肃此，并请著安。了事人戴辅廷等具。”

《大公报》对此案的评论不可谓不犀利。是否有舆论干预司法之嫌，尚不得而知。事实是此案后经调解，幸获圆满了结。

《大公报》1911 年 9 月 18 日《指官诈财》："咸水沽民妇张荣氏，前与族人张少仲在地方审判厅，因家务涉讼。时曾有韩光第、高鼎臣二人言，与厅中厅长、部长、推事、录事各官素有来往，可以代为请托，后并捏造厅信七封，索得该氏现洋一百七十余元。迄今多日，案情无效。该氏始知被骗，当即据情，在厅控告。厅长大为震怒，以高、韩二人捏造厅信，诈去洋元，实属藐法已极，遂饬司法巡警，严传到案，以便按律惩办。"这一明目张胆的骗局，令审判厅各员无端"背锅"，上峰因之大为光火，也不难理解。

1912 年，咸水沽附近的大任庄发生一起捉奸割头惨案，令人惊恐万状。"双头案"如何定谳？第二初审厅囿于权限，遂将此案移交上级审判机构审理。后来，此案甚至惊动了北洋政府首脑。通过《大公报》的连续报道，可知此案原委。

一是 1912 年 11 月 25 日《因奸被杀》:“津南三十五里大任庄,有居民吴鸣山者,素卖菜蔬为生。其妻马氏因与继母梁氏之内侄梁大发,通奸日久,被吴知觉。吴某遂于二十二号夜间,手持菜刀,将奸夫、淫妇二人头颅一并砍落,后手提双头,赴南乡警局投案。二十三号,将该凶犯解送警务公所,转送地方审判厅,略讯管押。已于昨早,经检察员带同检验吏及司法警察,前往相验。”

二是 1912 年 11 月 27 日《双头案续闻》:“地方审判厅前派检察员赴南乡大任庄相验双头案一节,已纪本报。兹悉,是日,讯据凶犯吴凤山供称,其父因民事案件在咸水沽初级审判厅诉讼,继母归宁(即回娘家),伊亦挑葱下街售卖。是日,均未在家。迨至回家时,忽在窗外,闻有男女狎亵之声,知有奸情,遂持扁担,将门捣开。伊妻马氏及奸夫梁大发,赤身坐起,苦口哀求。伊即用扁担将二人一并殴毙,复用枪头穿透咽喉。最后,用菜刀将两头割下云云。当将吴发押候办。”

三是 1912 年 11 月 29 日《杀奸罪未定》:“南乡大任庄农民吴凤山,杀死奸夫梁大发、淫妇吴马氏一案,业经地方检察厅讯明,吴凤山在奸所获,奸杀于当时。按照前清之律例,本无科罪明文,惟现在改建共和,而暂行新律,并无此项专条。闻该厅拟不日即据情详请大理院查核批示,以便照办。”

四是 1912 年 12 月 3 日《杀奸案开审》:“大任庄乡民吴凤山杀毙奸夫梁大发、淫妇梁马氏一案,地方审判厅前因捉奸杀命,暂行新律并无此项明文,当即请示大理院批示遵行。并于昨日下午二钟，公开审判，有无罪名，容俟访明，再登。”

五是1912年12月4日《奸杀案判结》：“大任庄民人吴凤山杀毙奸夫梁大发、淫妇吴马氏一案。兹悉，地方审判厅电请大总统，按何法处治。接到复电后，遂于初二日下午二钟，公开审判，讯明该犯以本夫因奸杀，毙奸夫、淫妇不讳，应援暂行新刑律，判以五等有期徒刑，兼判罚苦工八个月，完案。”

減水沽第二初級審判廳

自改組以來該廳官吏依勢逞奸因時為暴其種種劣迹不勝枚舉茲將其動人公憤者略為聲明如窺看閨女踰取財日故意損壞農人禾車時常至民人家打麻雀近於七月六號該廳差役至王成號元姓購買雞卵因踰欠不遂盛氣謾罵彼時適逢司法巡警等擅將元姓扭入廳內濫刑毆打該廳官長服同喝令將元姓吊鎖餓飢兩日夜且不准家中親探於十號鎖解來津如獲大盜當日本村李子江以桑梓與該廳人等相識即至本廳院內欲行討了乃王姓差役不容分說硬將李子江明頰連批數掌此等敗壞人道之行為皆法律所禁鄉中自好者猶不為乃以司法機關之人為之且恃權怙勢任意為之而無忌是減水沽遭此一機關如添多數盜匪數千戶竟陷於黑暗地獄人民其何以堪此等世之維持人道者以垂察焉

減水沽全村人具

《大公报》1913年7月15刊载的启事《减水沽第二初级审判厅》。“减水沽”应为咸水沽

《大公报》1914年4月8日《亦一疑案》：“海下咸水沽有王连章者，开设瑞发杂货铺，历有年所。因于三月二十九号，有开猪肉铺之吴玉墀，向该号购口碱，铜子一枚，发面蒸馒首。讵吴某家

属十数口食后，均皆呕吐，并有伙计甲乙二人，因之毙命。吴某遂在地方审判厅将王控告。昨经堂讯，据王某供称，该号所售，实系口碱，向未售过信石，有仁账可凭，如售过信石，情愿全家抵偿。且两号素行和睦，邻众皆知万无藉经商害人之理云云，推事官暂令王某取保，姑俟调查明确，再行核夺。”此为咸水沽初审厅被裁撤前，发生的又一起命案。由于超出初审厅权限，原告直接向天津地审厅控告，符合规定。

五、裁撤天津县初审厅初检厅

1914 年 4 月 30 日，北洋政府决定裁撤初级审判厅、初级检察厅这一级的司法机构。《天津通志·审判志》载，天津县三个初级审判厅、三个初级检察厅均于 1914 年 6 月 20 日一并裁撤。遂利用南马路原第一初级审判厅旧址设立天津地方审判厅分厅，内设简易审判庭。原初级审判厅负责审理的民事、刑事案件，从此划归这个简易审判庭管辖。

《大公报》1914 年 6 月 12 日《审判厅改组》对此已有所披露：“南马路初级审判厅，不日改为地方分厅，现正清理案卷。凡起诉之状，概不收受。惟在厅有案者，仍照旧收理，大约十日内，即可改组完善。”

《大公报》1914 年 6 月 22 日《初级厅布告》堪为依据：“天津第一初级审判厅、检察厅为布告事。案照本年六月十日奉天津地方审判厅、检察厅饬知，转奉直隶高等审判厅、检察厅饬开，以奉司法部电开，四月三十日，奉大总统令，据政治会议呈复称，各省高等审检厅与省城地方厅照旧设立，商埠地方厅应酌量繁简，分别去留。其初级厅拟请概予废除，归并地方厅办理。同日，复奉天津地方审判厅、检察厅饬知，仍就南马路原设厅址，改组地方分庭，各等因。转行到厅，除本厅旧受案件，克日分别量予清结外，所有从前受理民刑诉讼，未经完结各案，应即悉数移交新分庭，继续审理。本厅即于六月二十日实行裁撤。为此布告，一体周知。”

直到7月下旬，原天津初级审判厅、检察厅各员才被正式免去职务。《申报》1914年7月26日《命令》:“7月23日，大总统策令：司法部呈请将此次裁缺之……署直隶天津第一初级审判厅推事杜荫溥、署直隶天津第二初级审判推事乔鸿声……署直隶天津第二初级检察厅检察官马士杰，署直隶天津第三初级检察厅检察官卢士杰……均开去署缺，另候任用等语。应照准。此令。”

乔鸿声，直隶安平人，1906年考入京师法律学堂。1914年“四十二岁”。卸任天津县第二初级审判推事一职后，旋即参加第三届知事试验考试，考取甲等，分发河南担任县知事，于1914年11月21日到省。《直隶律师登录第三表(四年份)》载，乔鸿声于1915年1月28日获得律师资格。1916年3月12日《河南巡按使田文烈奏县知事常履道等到省一年期满照章甄别折（附单)》载:“乔鸿声学识优长、法律明习。”乔鸿声后为执业律师。1931年版《天津志略》载其为天津律师，事务所位于天津河北。

《大公报》1916 年 8 月 11 日《直隶司法改良会宣言书》载，马士杰为发起人之一。据此判断，马士杰去职后，仍在天津从事与司法相关的活动。

六：潘绍基与《各省审判厅判牍》

如今，要想查阅已经发生法律效力的判决书、裁定书、决定书，可浏览中国裁判文书网(http://wenshu.court.gov.cn)。中国裁判文书网于 2013 年上线开通，对于裁判文书的公布，以公开为原则，以不公开为例外，如今已成为世界规模最大的司法文书公开平台。

可是在一百年前，司法信息传播渠道单一，公开性和透明度严重不足。如何才能让人们通过了解案件，在司法案件中感受到公平正义？清末民初，官方也相应采取了一些措施。可以想见的便捷办法，就是将部分司法文书公布在官报上。直隶省各级审判机构除将判词刊于《北洋官报》上之外，天津媒体也设法公布案情，以吸引读者。不少刑民案件就是通过报刊，以消息、禀控、奏折等形式披露的。虽然这种刊布形式更加及时，甚至能揭露一些内幕，但也存在信息支离破碎的问题，往往难知原委。而且，也有与官报记载有所差池甚至是明显抵牾的风险。

在清末新政的推动下，国人的司法意识日益觉醒，多元化的司法需求越来越强烈。于是，集中编印出版判牍，就成了监督执法、研究判例的另一个重要渠道。编辑判词、判例，在中国历史上是有传统的。此种详情，可参阅中国社会科学出版社 2005 年版的《历代判例判牍》12 卷本。清末，随着司法改革进程的加快，判牍跟不上司法改革发展要求的问题愈发明显。

清政府当局也一直试图把判牍规范起来，以期有效指导司法实践。《大公报》1911 年 8 月 9 日《法部拟订判决录》："法部大理院，日昨会议，以各省审判事宜，现值整顿之初，亟宜严加考核，藉觇听断之优劣。拟先厘定判决录格式，颁行各省通饬。各级审判厅务将判决各案，详细载录，每月送部一次，以备详细核办，倍昭慎重。"9 月 13 日又载《法部调查审判情形》："法部昨咨各省督抚，并札提法使，饬将各级审判厅自开庭受诉后，所有办理审判一切情形，从速调查详复本部。至判决录一项，已否照办，均应一并声明，以备调阅。"法部再行催促各地，可见已急不可待。但是，当时已是辛亥革命爆发前夕，山雨欲来风满楼。法部的部署很难实现。

中华民国成立后，判牍、判决录等司法文书日趋规范，梁启超出任司法总长时，又加以强调。《大公报》1913 年 11 月 7 日《梁总长调取判决录》："司法梁总长，为放核全国司法情形起见，昨于本部会议时，决定通电各省司法机关，将本年该机关所裁判之刑、民各案判决办法，一律填列判决录，于一月内，寄呈本部，以备考核云。"由于各省重视程度不够，司法部此后免不了就此事再行唠叨一番。《大公报》1914 年 5 月 2 日《章总长饬报判决录》："司法章总长(即章宗祥)，为考核全国司法情形起见，日昨通令各省各级审检厅，该厅所裁判之刑民各案判决情形，按表填列，于每月汇报一次，以便刊印成册，以备参考之数据。"《大公报》1916 年 8 月 29 日披露:"司法部决定调取各省判决录,研究其判断之得失,规定改革之法。"

民国年间,直隶省高等审判厅(直隶高审厅)、天津府地方审判厅(天津地审厅)等在津审判机构,都曾出版过不同形式的判牍。如:1915 年版《直隶高等审判厅判牍集要》、1917 年版《直隶天津地方审判厅判牍汇刊》、1919 年版《华洋诉讼判决录》等。而中央司法机构及各地出版机构在编纂成册时,也采集了不少与天津有关的判牍。

以下要说的是《各省审判厅判牍》,此书至今影响不衰。曾在咸水沽审判厅任推事的潘绍基曾为该书作序。

《申报》1913 年 12 月 17 日第 13 版《〈各省审判厅判牍〉三版出售广告》载:"本书编纂,专供各省各级审检厅人员及注重司法者检阅、参考之用。内分六种:曰批词、曰判牍、曰章程、曰规则、曰公牍、曰附录,后附各国司法制度及强制执行章程。所有批、判,均系向各省高级法院征求而得,实为近今司法界之要书。发行以来,迭经三版,其价值可知矣。"此书由上海广益书局发行,每部二函十二册。" 北京大学出版社 2007 年版《各省审判厅判牍》点校本,即依据此版本为底本整理。

1912 年出版的《各省审判厅判牍》,由上海法学研究社印行

2005 年版《清华法治论衡·法治与法学何处去》所载《晚清司法改革之真实记录——〈各省审判厅判牍〉简介》一文载:“晚清所积累的司法经验和立法成就,多为民国所继承。民初,在上海法学编译社供职的汪庆祺,在全国范围内搜集清末省城商埠各级审判厅和检察厅的各种判牍,择其精华,编辑成《各省审判厅判牍》(以下简称《判牍》)一书,洋洋洒洒 40 多万字,于 1912 年印行出版。汪庆祺其人,从《判牍》序言里知道,他是上海法学编译社的社长,其详细生平则不得而知。笔者查阅了很多近代人物辞典,也不见有关于此人的记载,看来多半是湮没于历史尘埃之中了。《判牍》编辑的主要目的,是希望后来的司法官能借鉴晚清各级审判厅所积累的司法经验。东明黄河法政河务研究所法政科教员、费县人赵元熙在其所作之序中认为:‘南洋法政学社诸法学家,本法理之思想,为新法之预备。将各省审判厅已发现之批词、判牍、公牍之类,不殚手续,广为搜罗,精心研究。取其法理详明,体裁精新,读之可以因象求义,因义求神,旨趣错落,妙谛无穷者,汇集成编……以为将来之司法官之资助材料,与审判厅之组织方法。则是编之有功于法界者。岂浅鲜哉?’这基本上如实反映了《判牍》编辑印行在当时的意义。”

实际上,汪庆祺并未湮没于历史尘埃之中。汪庆祺,字惟父,1906 年在上海创办《月月小说》,时为上海乐群书局经理。《月月小说》第 1 号载有“本社总经理庆祺君”肖像。1906 年,汪庆祺又与月月小说社同仁吴趼人、周桂笙组织译书交通公会,以“交换会友之译书、代办外洋书报”为宗旨。1915年，汪庆祺为吴趼人编《我佛山人笔记四种》，所作序言称“余于清光绪丙午、丁未之际，创刊《月月小说》”，署“休宁汪维甫”。可见其为安徽休宁人。

《申报》1913年12月17日第13版《〈各省审判厅判牍〉三版出售广告》

《晚清地方司法改革之成果汇集——〈各省审判厅判牍〉导读》也认为此书由上海法学编译社出版。此载或有差池，《各省审判厅判牍》封面印有“法学研究社印行”字样。

一是潘兆槐序曰：“前清宣统三年，各行省省会商埠审检两厅已依次成立。行政、司法逐渐划分。国中人士，益以法学为亟。而具裁判之成式、集章制之大全，以为司法官藉资取则者，尚无荟萃之书，殊为缺憾。今上海法学研究社主人汪君庆祺，联合同志，征集各省各厅宣布批词、判牍、公牍及现行章程、规则等件，分类编辑，积久成书，名之曰《新刑案汇编》，其有关于诉讼而无门类可附者，亦皆列刊于后。搜罗宏富，编辑谨严，洵足以为司法官之取则焉。”潘兆槐，字荫卿，安徽婺源（今属江西）人，已知其于1913年任直隶省公署财政科科长。

二是潘绍基序曰：“余自任法官以来，益究心法律之学，购置多编,几案为满。然搜罗罔懈,但除刑律及民刑诉讼法,有规定刊行之本,其他尚付阙如。欲就成案,资为研究,辄苦旧者既不适于时用,而新者所译,又系他国条件,不切事情,遇有疑难,颇费裁判。尝就表兄汪聘赓厅丞,索其存稿,以为观摩。盖其久宦刑曹,而又深于法理,且曾任奉天检察长官,实能根据中西,融合新旧,一以贯之。然公牍为多,判词鲜少,是又限于阶级,为位所局,仍难资以引用。窃尝思想,以天地之大,贤才之多,当有留心志士,采辑各省司法宣布文牍,分门别类,汇为巨编,以助法官之适用。讵意上海法政研究社,先得我心,采辑成书,前来征序。审其凡例,举司法应用各种类,固已搜罗完备,选择精详,实为裁判之巨观,成文之鸿制,不禁为之狂喜。"

正如潘绍基所言,汪庆祺以编辑见长,颇具史家眼光,所编《各省审判厅判牍》具有开创性,且涵盖面宽。虽然内容多取自南方审检机构,但也包括天津高审厅、地审厅批词以及直隶审厅、检厅部分规章等。此书堪为了解清末全国各级审判厅概貌的重要文献之一。

潘绍基此序署"辛亥仲秋天津咸水沽第二初级审判厅推事潘绍基继之氏谨识"。据此可知,潘绍基,字继之。其为安徽南陵县人,1907年以试用知县分发直隶省。

1913年4月7日《临时大总统令》载:"潘绍基为直隶高等审判厅书记官长。"但此项任命却引起了非议。《申报》1913年4月28日《直隶法官亦控许世英违法矣》:"潘绍基识字无多,因系司法次长之中表，而用为书记官长，私耶否耶？”时任司法次长为汪守珍（字聘耕），祖籍婺源，也即潘绍基在序中提及的汪聘赓。潘绍基与汪守珍沾亲带故，难免有瓜李之嫌。

1914 年 4 月 26 日《大总统令》载：“潘绍基为直隶高等检察厅书记官长。”其后于 1915 年 11 月 10 日辞职。1915 年，潘绍基任直隶省复选区办理选举事务所事务员，同年又被直隶巡按使朱家宝保荐为第四届免试县知事，1917 年任署理饶阳县知事，月支俸银二百五十元。1918 年调署易县知事。《大公报》1918 年 10 月 15 日《易县知事出缺》：“易县知事潘绍基，前因在署患病，来津就医。闻昨日已于津寓病故。”

咸水沽地户王怀吉案

刘景周

清光绪元年，淮军盛字军在津南屯垦，虽然是以小站为中心开河造田，但是其屯垦范围，南边到了今大港上古林，北边到了咸水沽海河边。这个范围内的土地，虽为荒地草荡，却也各有其主。主家以此草洼，收获芦苇、蒲草，或鱼蟹蜃蛤，官方按地亩，收取些微税银。咸水沽户民，称海河迤南的草洼为南大洼。所以盛军屯垦，首先是丈量估价，把私人占有的荒地给价收买，然后才大面积开垦。盛军屯地绘就的《盛字全军屯田图说》有明细记录。其中一段说："咸水沽挑河用高洼地，计价大钱二千三百千文，总共计垦地壹千三百陆拾五顷八畝五分二毫九丝四忽八微，总共发给地价大钱肆万贰仟陆佰玖拾千八百三十一文。"

在盛军收买荒地备垦期间，发生过一件冒争官地事件，惊动了李鸿章过问。盛字军统领周盛传有《复陈冒争官地禀》记载此事件。事件原委是,李鸿章给盛军发下一纸公文批件,说是“天津县咸水沽地户监生王怀吉禀称,‘恒产俱失’”,指令盛军“查照奏案并原禀,分别认真妥办”。周盛传回复说:“自奉中堂奏明立案行知后,即传谕各户民带文来营丈量,分别给价。由咸水沽下至新垫大道(即马厂至新城设驿站的大道),每亩给津钱四百文,过大道以南,咸气更深,五里以内,每亩给津钱三百文。再过五里,则斥卤不毛,每亩给津钱二百文。即无契据,但得近邻保结,亦准照章给发。谨将田图绘呈钧鉴,其认纳草课(即原荒田养草卖草所缴课税)……由营代缴。至有力之家,争占多荒,贪渔草利,偶尔传唤至营,或言契据未带,或言辨认不清,往往怀诈观望。市井油滑之徒,见荒地逐渐成熟,望冀瓜分占产,故迟至半月以后,仍行联名呈赴宪辕,企图尝试。其情似狡,其实则愚。该监生王怀吉等,蒙捏情形,冒指官荒,认为民地,尤属胆大妄干。”

监生王怀吉投递给李鸿章的告诉书说,盛军开河(即今月牙河)“河占四十余里,两岸均属稻田”(笔者按,那时还没有小站,所谓四十里,指从海河直到大港上古林,都是咸水沽草洼,但实际月牙河到小站,不过二十里)。还说他家“不惜工本,培养数世,始得变荒成熟”。实际上,这个王怀吉,连月牙河多长都没闹清。强词夺理,十分荒诞。毕竟他有了告诉,周盛传必须答辩,这事搞得周盛传哭笑不得。周盛传回应说:“前月中堂亲临勘视,新河两岸空荒蔓衍,曷尝有一亩成熟之田?天津吴道(吴毓兰)等由陆路履勘，经过之地悉数荒秽之区，并无民居村落。若果垦治易易，何至旷延今日始议开荒。现在营内尽力开治，本年成熟尚少，岸荒俱在，不难勘验而知。盛传察度(王怀吉)呈内诸名，多非占地本主，乃以渔利私见肆意阻挠，情事至为可恶！然既仰承中堂指画，诸将士殚财竭力为畿疆创此永图，岂能与无识愚民校兹长短。仍遵宪谕，于未经丈量地段，再行晓示，申明丈亩给价。定章分别妥办，以期仰副中堂洽翕舆情，规图万世利赖之意。"

天津解放初期的咸水沽

甄 明

咸水沽为清代天津府八镇之一，长芦盐业的富国、兴国两大盐场官署驻地，素有津东第一镇之称。抗日战争时期，这里属中国共产党领导下的晋察冀边区津南行署管辖，1946 年为津南县管辖。

1948 年 12 月，解放军完成对国民党平津守军的战略包围与战役分割，天津外围地区相继解放。12 月 9 日，根据中共冀中区八地委的指示，在咸水沽、葛沽、小站、灰堆成立军事管制委员会。

20 日，津南县县委书记李悦农奉中共冀中区八地委指示，宣布建立天津县，撤销津南县。“天津县委、县政府进驻咸水沽，县内新建各市、区干部迅速就位，原属黄骅、静海县各区、村移交

海河教育园区　　李龙震　摄

各县。”同时宣布天津县区划范围，时天津县辖330个自然村，总面积3400平方米，人口26.8万人，共设三个市（咸水沽、葛沽、小站），五个区（新城、泥古、中塘、白塘口、张窝）。当时该县是天津市民生活所需副食品供应基地之一。按照上级的指示要求，天津县党政机关迅速进驻咸水沽，办公地址在元祥顺粮行（今咸水沽红星里）。

不久，随着解放军第四野战军包围天津，上级要求天津县为解放天津做贡献，于是在咸水沽成立了天津县支前指挥部，并下设粮食供应站、交通运输站、担架队、接收伤亡人员的慰问机构。围城的5万多名解放军，一天需要5万斤粮食（咸水沽征收4000斤）。天津县抽出200多辆马车送粮，组织4000多人、2000副担架接送伤亡人员。天津县的支前工作，得到了四野九纵队司令詹才芳的称赞。

同时天津县在咸水沽做好接收旧政权管理的电信局、镇公所工作，遣散旧军政人员和组织，收缴私存的武器，建立辖区党的基层组织。

1949年1月15日，天津县做好稳定物价工作。首先对抢购物资与故意抬高物价的行为，进行行政干预。随后通过调拨物资，投放市场，有计划地把物价压到合理水平。当时在咸水沽等地将几千斤粮食、几百斤油盐投放市场，使各种物价趋于平稳。天津县还组织平民小贩从唐山、沧州、黄骅、大城调运粮食、油、毛巾、肉、烟等物资，其中咸水沽组织20个组、几百人进行运销，使市场趋于繁荣。不久，咸水沽等地共增加商户55家，增强了人们对新社会的向往与期盼。县政府为稳定社会秩序、救济贫困人群、扩大政治影响，在咸水沽振华造纸厂旁边设立救济院，初期入院45人，均为老弱病残童，每人每日一斤小米。救济院的宗旨及章程以及入院条件均在民助会上公布。指示各区如有贫困难民适合条件的，立即介绍入院。1949年3月，根据中共冀中区八地委指示，将咸水沽、小站、葛沽三市，改为区辖镇。5月，天津县党政机关由咸水沽迁往灰堆。

此后咸水沽在天津县中仍承担重要的党政工作。1949年7月，天津县委在咸水沽举办党员训练班，培训全县区、镇的村街支部委员。10月，确定咸水沽为天津专署经济情报重点市场。1953年5月，撤销天津县建制，成立郊东、郊南、郊西、郊北四区，咸水沽为郊南人民政府所在地。

咸水沽的老盛军业绩

刘景周

清光绪元年，盛字军开始在津南屯田，其屯田范围，东至新城，西至西小站，南至北大港边，北至咸水沽。在这个范围内，盛军曾修筑许多水利工程。据绘于光绪六年的《盛军屯田图》标明的统计数字，计有大石闸八道、小石闸六道、大木桥十道、小木桥三十八道、小桥阴涵五十九道。此外还建有庄房二十八处。

盛军屯垦之初，先开了一道从小站到新城的河，继而又开了咸水沽引河，以引海河水到小站，与小站到新城的河相通，初即名咸水沽引河，今名月牙河。这条河，从盛军所扎营盘水师营、右右营、右正营、右左营、传字营、盛字营经过，不仅灌田需要，也解决了军队饮用水来源。为了不使咸水甜水混合，又修建了大石闸，只开放甜水，而屏蔽咸潮。“其闸分内外两门，或用合扇，或用吊闸,水之出入,各自为道,故味也不相犯也。”这年,还在咸水沽街西修筑了一座木桥,也就是最初的咸水沽西大桥。但它是一座独孔木桥,通水不畅,光绪三年二月,又把它推了,重建一座铁柱三孔桥。新桥“以巨木为桩,排列数百筑成桥基,上覆三合土,再上甃以石条,然后置柱其上。桥高河广,容纳万派,自是下流无阻”。

西大桥改建后,又于海河西南约五里,增建了一座五孔木桥,就是今天仍存在的二道桥。二道桥竟因桥的存在,成了咸水沽的一个地名。

光绪四年、五年,是盛军兴修津南水利的高峰期。这期间围绕咸水沽开挖的村级河道不胜枚记,如“仁营所浚之河,自咸水沽绕过潘家沟”“中军两正营又会右军于河西开河二十里,东北通咸水沽减河”“咸水沽至葛沽海大道间,向有桥梁一座,名称双桥,为前清时代周武壮公开辟小站稻田而建者也”等。

光绪十六年,“运河漫溢,奔注下流,兼之积涝霪霖,更有漂庐舍,鱼人民之患”。咸水沽一带遭了水灾。所谓“邑城东南,地势洼下,以故时雨暴涨,直漫平铺,伤稼极多,迄无乐岁”。李鸿章采取措施,于光绪十七年,“特下创开河渠之令,檄总统淮军盛营卫军门汝贵,专董斯役。”(此时周盛传、周盛波已故去,盛字军由卫汝贵统领。)这道创开的新河道,上自津门八里台,下至咸水沽洋码头村,中间经过卫南洼、波水洼、柳淀洼、秋麦港。河长五十余华里,并于白塘口、双港、八里口、巨葛庄等村,共通支河一百三十余里，建桥十一座。李鸿章赐名“卫津”。现存两通《新开卫津河碑记》，对这项工程有详细记载。

参与卫津河开挖工程的，还有道员吴廷斌、胡燏棻。除了记录工程的卫津河碑记外，还在咸水沽镇西卫津河与津沽路交叉处的五孔闸，发掘了《吴胡观察德政碑》。是“合郡绅民感戴两观察之德”立下的碑记。立碑时间为光绪十九年，碑文有“胡观察燏棻、吴观察廷斌，协同总统盛军卫军门汝贵，查看地势，周历河干，兴利除弊以为己任”等颂扬的话。说明卫津河的开发，对减轻地方水患起了作用，因而百姓有了感激之情。

古镇咸水沽的民众起义

王振森

大清乾隆年间修志的撰稿人汪沆，曾到过古镇咸水沽的前身——豆子䴚,并写下了一首《津门竹枝词》:“豆子䴚边夜射鱼,潮痕初上柳风疏。千年刘格芟荑后,金镞犹耕出废墟。”

诗中的刘格系指两人,即隋朝的刘霸道和格谦。在《资治通鉴》大业七年(611)中这样记载:平原东有豆子䴚,负海带河,地形深阻,自高齐以来,辟盗多匿其中。有刘霸道者,家于其旁,累世仕宦,资产富厚。霸道喜游侠,食客常数百人,及群盗起,远近多往依之,有众十余万,号‘阿舅贼’。”

大业十二年(616),《资治通鉴》记载:“河间贼帅格谦拥众十余万,占据豆子䴚,自称燕王,帝命王世充将兵讨斩之。谦将渤海高开道收其余众,寇掠燕地,军势复振。”

隋末徭役繁重，隋炀帝每年远出巡游，征发农民掘长堑，筑西苑，营洛阳，缮离宫，伐木造船，凿山通道。每项工程大的要经年常役一二百万人。隋炀帝又发动了对高丽的战争，使"天下死于役而伤于财"，特别是山东、河北尤为严重。加之这一带不断发生水旱灾荒，因此农民起义首先从这里爆发。

刘国华先生所著《古镇稗史》中，曾这样介绍：发生在隋朝大业七年刘霸道领导的农民起义和大业十二年格谦领导的农民起义，各拥有十万之众兵马，其声势可谓不小。《资治通鉴》的编撰者司马光称刘霸道为"阿舅贼"，称格谦为"贼帅"，并没有否认"官逼民反"揭竿起义的反抗行动，为"要活命，求生存"的正义之师。

汪沆诗中的最后两句："千年刘格芰荑后，金镞犹耕出废墟。"即指刘霸道、格谦被朝廷消灭后，后人在耕地时，曾发现古时作战使用的箭头。不难看出，汪诗说咸水沽镇历史悠久，是有证可查的。

从咸水沽镇走出的国学大师、红学泰斗周汝昌先生在纪念天津建城600周年时，曾发表在2000年12月26日《天津日报》上的十八首诗中的"豆子䴚"中，有真实的描绘和翔实的注解：

豆子䴚

咸沽豆䴚史相连，

远溯隋炀大业年。

今日谁知称大港，
燕王水寨起烽烟。

由此可见，古镇咸水沽的农民起义，可追溯到隋朝(611年)，史实清楚，论证充实，距今已有一千多年的历史了。

玉皇庙的传说

赵洪余

中华人民共和国成立前，在咸水沽黄家胡同对过有一座玉皇庙。当时为啥要建这座玉皇庙呢,这还有一个美丽的传说。

话说明朝万历年间，有一位南方人来咸水沽憋宝，不知为啥,他对镇外那条小河产生了浓厚的兴趣,经他仔细勘测,这小河非同寻常——这是一条赤龙,龙头就在咸水沽西头,如果有一天 ,它和海河相连,就可腾云作孽,它能叫咸水沽这地界儿出七十二条玉带(大官儿),一万名小官儿。这话不胫而走,不多时日,就传到朝廷。那些要官大臣一听,先慌了手脚,议论纷纷,若如此,吾辈的官位可就难保啊！即刻奏本万历皇帝。皇帝一听此事非同小可,暗忖:难道水泊梁山那七十二地煞星又要出世不可?于是忙命大臣前往咸水沽探询并解决此事。大臣来到咸水沽寻到那个南方人。

大臣问他可有破解之法?他答道:无论好龙孽龙都属玉皇大帝管制之下,在龙头处盖一座玉皇庙镇之即可。于是大臣随蛮人寻找龙头之处。他用一口七印大铁锅沿海河岸边寻找,他把铁锅扣在地上,掀开一小缝儿,侧耳细听,不是,再接着找,终于在一棵大槐树下找到了。蛮人喜形于色指着大槐树对大臣说:龙头即在树下,大人听听。大人伏下身细听,锅下果然有呼呼哗哗的响声。于是大臣忙回朝廷禀报。皇帝恩准拨款,这才伐树平地盖了一座玉皇庙。赤龙死了,小河从此而得名——赤龙河。

玉皇庙因断了咸水沽人做大小官的机会,很不受当地人待见,历来香火不旺。民国年间,又成为巡警局的办公驻地,人们更不敢朝拜了。

蛮人的话也得到了应验,倒是出了不少玉带,是那些历来喜欢唱戏的人,扮上蟒袍玉带的假官儿,那巡警局头头姓万,戏称为"万官儿"。当然这些都是人们的附会而已。

中华人民共和国成立初期,咸水沽镇一位武装部长带领民兵要把玉皇塑像请出去。它用粗棕绳拴个套,套在塑像上半身,下面几个小伙子猛劲拉拽,玉皇塑身却纹丝不动。这一下看热闹的人们说啥的都有:不好,玉皇大帝显灵啦!这一来赤龙可要抬头了,拆庙的人必有大难之灾!

那位部长也觉事有蹊跷,立刻找来一把斧头,嘴里念叨着:我是无神论者,就不信这个邪!说着跳到神台上抡起大斧,猛砸塑像。怪不得人们拉拽不动,闹了半天是先人们把玉皇大帝塑在一棵树桩之上。

从此,咸水沽的玉皇庙就消失了。

狐仙爷庙的故事

王振森

从前,就在现今咸水沽镇富凯集团的西南方向,有座狐仙爷庙。如果追溯它的历史,八十岁高龄的张树棠老先生就知道得很清楚。在他十几岁时,就曾目睹了修建该庙的情景。按他1928年出生的年月推算,狐仙爷庙应该是1940年左右建的。

庙里有座大殿,里面供奉着人体形状的狐仙爷。一圈儿大围墙把整个庙包了起来。庙门朝北,门前还有一座用砖砌成的小亭子, 一棵一人搂不过来的杜梨树就长在庙门口对着的赤龙河岸边,一座小木桥架通了南北,还真有点儿小桥流水、古树昏鸦、香烟缭绕、晨钟暮鼓的仙家氛围。

每到初一、十五开庙门,前来烧香的人络绎不绝,人们手提鲜果、糕点等食品,先摆放在供桌上,然后再烧香磕头,求狐仙爷保佑平安。有的还用纸包点香灰，说是能治百病。至于那些贡品是否真的让神灵吃了，谁也不清楚。到后来，有人曾问过当时看庙的王玉春王三爷，他却风趣地说："这么多贡品，佛也不吃，神也不用，糟蹋了怪可惜的，干脆我就都享受了。"

20世纪50年代初，这座短命的狐仙爷庙，在破除迷信的大潮中被扒掉了，留下的只是一堆废墟，还有那立在庙门前的小亭子。再看狐仙爷的塑像和其他佛像，均被抛到了赤龙河里，被涨潮落潮的河水冲刷着、浸泡着。

传说曾被猎人打伤了一条腿的狐仙爷，一看住处没了，没有办法，只好另找新居。有一天，他变成了一位白胡子老头儿，一瘸一拐地来到"二等"(自行车载客)跟前，说是去小站，谈好了价钱便上了车。到了小站后，就在骑车人下车时，再回过头来看，那白胡子老头儿早已不知去向，只见坐垫上面放着如数的钱。后来好事者找到那位"二等"师傅，再三逼问下"二等"师傅说了实话，原来这个传说是他为招揽生意瞎编的。

又有一天，人们跪在狐仙爷庙的废墟上双手刨土，说是土里有狐仙爷临走时撒下的"仙丹"。果真，挥汗如雨的人们还真的从土里刨出了像高粱粒大小的"仙丹"来。他们一边用纸包好，一边磕头，嘴里还不停地念叨着："谢谢狐仙爷，谢谢狐仙爷。"这"仙丹"是不是狐仙爷撒下的，当时是个谜。哪知，没过几天，就真相大白了，原来那是有人故意把人丹用水浸泡后撒在废墟上搞的恶作剧。

古镇蜂窝庙会趣事

傅保禄

提起庙会，无人不晓。庙会是中国民间民俗文化的一种活动，赶庙会的善男信女一般都按约定俗成的日期聚集在寺庙内外进香祭神,乞求健康平安。

然而,咸水沽的蜂窝庙会却独树一帜。

据《津南区志》载,峰山庙位于西青大寺附近,与咸水沽毗邻，每年农历四月二十一至四月二十八为庙会，俗称赶“蜂窝庙”。又云,所谓蜂窝庙会,实即咸水沽庙会。

那么为何蜂窝庙在大寺,而蜂窝庙会却在咸水沽呢?这里曾有一段故事。

相传,每到农历四月二十到四月二十八,咸水沽居民都要为庆祝药王生日举行八天的演出活动,并以“大驾老(皇)会”为领首,用坐辇抬着娘娘和药王两尊神像从咸水沽出发一路西行,途经辛庄、白塘口等地进行踩街表演。届时法鼓会、旱船会、高跷会、小车会等队伍依次跟随,笙管嗷嘈,鼓乐喧天,好不热闹!直到四月二十八这天,表演队伍到达大寺的蜂窝庙祭祀完药王后由大驾老(皇)会宣布活动结束时才关闭庙门。

那么“大驾老(皇)会”何以这么牛呢?事出有因。

据说,某年,乾隆皇帝乘龙船顺海河东下微服出巡海防设施。当行至咸水沽一带时,闻听右岸人声鼎沸,锣鼓喧天,乾隆皇帝急命停船,并差侍卫下船询问。

侍卫回船后禀报:“右岸正在接驾。”

乾隆听罢甚是一惊:“朕这次出巡,只有少数大臣知道,难道有人泄密?”于是转身问及刘墉。刘墉为讨皇上欢心,回答说:“万岁微服出巡,无人泄密。海河右岸人接驾,乃为天意也。”乾隆问道:“何为天意?”刘墉说:“吾主皇上乃大清真龙天子,虽微服出巡,但上苍所示,让咸水沽人自发接驾,上顺天意,下达民心呀。”乾隆听罢刘墉言甚为高兴,说道:“海河右岸,民风淳朴,既然顺天意,自发接驾,朕要封赏!”

于是,乾隆吩咐大内侍卫,拿出龙旗一面,龙票一枚,赐给大驾老会。咸水沽镇大驾老会得此龙旗、龙票后立即将“大驾老会”更名为“大驾皇会”。

从此,咸水沽的大驾老(皇)会每逢四月出会以后,都在四月二十八这天持龙旗、龙票赶往蜂窝庙。然后,由蜂窝庙住持高声宣布："咸水沽……大驾皇会……进头股香……" 彻底改变了原先以抽签方式决定进头股香团队的历史，并立下规矩，以后蜂窝庙会进头股香的团队非"大驾皇会"莫属。

笔者近日亲赴该庙求证，才得知此庙名为"峰山药王古寺"，至于为何叫过"风窝庙"或"蜂窝庙"还有待挖掘和考证。

骡马经纪人与咸水沽牲口集市

东 风

1922年7月《益世报》载："本埠咸水沽骡马行经纪，于民国四年间，由该村人沈庆云承充，现在期限届满，该经纪因年迈恐误要公，呈请缴贴告退。"12月又载："本埠咸水沽骡马行牙纪沈庆云，现因年迈在县呈请告退，经县长齐耀珹，另募商民王盛山情愿认充，昨已发给示谕。"不止咸水沽的骡马经纪人会受到社会关注，其他地方的也是如此。

光绪末年，《大公报》就曾载，"陈林庄骡马经纪刘复善告退，该村附近某村之宁长荣等禀请在本村设立骡马集场，并保张自超充当经纪。""双港村骡马经纪张玉廷昨赴县署禀请告退，应征之马匹月税，俟传灰堆村正孙平仪等讯谕"等消息。

在商品流转过程中，撮合买卖，收取佣金的第三方，因其伶牙俐齿，游说买卖双方，被称为“牙人”，牙人的同业性组织为“牙行”，他们向政府缴纳的税即“牙税”。像咸水沽等地的骡马经纪人就属于“牙人”。

清末民初，骡马经纪还要替政府收骡马税。那么，税收情况如何呢？1910年，天津县议事会在《大公报》公布了天津各行杂税，其中：“牛行每年钱一千六百吊文，斗行每年银六百六十两，斗头每年钱四百八十二吊文，骡马经纪每年钱八百吊。”不占绝对份额，但是必不可少。

经纪人要协调场地。《大公报》曾载：“宁宝泽等在三合庄附近某村创设学堂设立集场，致使三合庄骡马经纪生意消乏，昨已赴县禀陈。”经纪人还要有丰富的社会经验。1913年6月，天津西南城角马集破获了一起抢劫案。永清县人王鹏等牵骡马三头出售，骡马经纪发现其要价太廉，怕来路不明，让王鹏找人担保，刚办好手续，就被尾随来的失主和巡警人赃并获，送营务处严究了。大牲畜是农民生产、交通的重要工具，市集管理者当然要时时小心，严控风险了。

也有不良经纪人。1922年《益世报》载：“本埠南开地方，有骡马集市经纪张某，把持市面，数年来恶名素著。凡有乡民入市买卖者，辄任意讹索。每卖一骡马，除正项税用外，即勒索洋五角，卖一小驴索洋三角，名曰鞭钱，望有该管之责者，详加调查，严行取缔。”

咸水沽作为海下重镇，其骡马经纪人和牲口集市运转应该还是良性的。1946 年的《茶话》杂志中记载，咸水沽牲口集在西街北面，占地一亩许，每月 1、4、7 三日上午交易。集市的一角，放着半秃毛笔和旧账簿的桌子就是经纪人办公的地方。交易双方谈妥价钱后，经纪人记账、收取佣金。买方可以不立即付款，经过几日劳作，肯定牲口没有问题后，下一次集市交款。文中特别强调："'牲口集'在这些古朴淳厚农民的脑筋里，早蕴藏有着四五十年，不可湮没的市集历史。"

正是沈庆云、王盛山等一代代经纪人撮合和斡旋，促进了咸水沽的牲口集市的赓续。他们经验丰富，识人懂畜，为这里的农民不断注入生活的希冀。

随着社会的发展，骡马经纪人、牲口集市已成为历史。

第二部分

“非遗”掠影

海下同善文武高跷

郭凤岐

海下同善文武高跷，于2009年列入天津市第一批非物质文化遗产扩展项目名录。所谓“海下”，大致相当于今天津市津南等地区，该区域在历史上，深受沿海渔业、盐业和屯田等文化影响。海下同善文武高跷，具体指咸水沽的同善文武高跷。

咸水沽历史悠久。隋大业七年(611)《资治通鉴》所载“平原东有豆子甗”，即今咸水沽。据《明史》记载：咸水沽之名，出现在明洪武十年(1378)左右。这里不仅是军事重地、屯田膏壤、渔盐之乡、漕运通道，而且文化积淀丰厚。

清代张霔在《葛沽绝句》中云：“蛙声绝似催花鼓，乱响桃源万树中。”津南的花会，俗称“耍会”，其传承源远流长。咸水沽、葛沽、小站一带地方，是环渤海地区著名的花会之乡。在花会活动中，高跷是最受人们喜爱的一道花会。

据《津南区志》载："光绪二十九年(1903)李广才兄弟从东北学会高跷，使其传入咸水沽，取名同乐高跷会。"于是，高跷活动，很快在咸水沽一带兴盛起来。

当然，咸水沽的高跷，不仅吸收了东北高跷(秧歌)的一些特征，而且借鉴了京、津、冀高跷流派的优点，形成了有地方特色的高跷品种。

海下同善文武高跷会，历经一百多年的历史发展，历尽四代传承人及众多弟子的艰辛努力，饱经咸水沽花会、庙会的现实磨炼，在弘扬、继承基础上，不断开拓、创新，终于形成了独特、精彩的文武高跷"非遗"品牌。

海下同善文武高跷，区别于其他高跷的突出特点，是"文武结合"。"文"者，玩的是唱、演，耍、逗，扮、摆等。例如，演唱旧时的"渔樵耕读"，表现了对风调雨顺、五谷丰登的期盼；表演中或就地十八滚，或四人对角串，或夹篱笆，双对拉齐，成八字形，赢得了观众的阵阵欢呼；耍逗幽默风趣，引得观众开怀大笑；扮相一般由14位角色组成，诸如头棒、鹦哥、樵夫、坐子、渔翁、青竿、公子、白竿、妈妈、儿子、前锣、后锣、俊鼓、丑鼓等，角色纷呈，变化莫测，使人目不暇接。

"武"者，就是在表演的过程中，添加了武术的高难度动作，比如：乌龙脚注、蝎子爬、双套腿、穿人、劈叉、拿大顶、鹞子翻身等，不少都是绝活儿。延传百年的"打棒"绝技，有别于其他高跷的“单套腿”，在棒打的中路，展露了一个“双套腿”的动作，因此难度更高，花样更多，观赏性更强，特色更加鲜明。他们以“棍”为腿，尽显惊人“武”艺绝招，形成了海下同善文武高跷最光彩夺目的亮点。

同善文武高跷

海下同善文武高跷，将传统戏曲演绎与现代的流行舞蹈相结合；将海下深厚的文化底蕴与京、津、冀高跷流派风格相融合；将“文”玩的故事、场面与“武”打的绝活儿相交汇。在众多高跷的群雄逐鹿中，独树一帜，鹤立鸡群。

海下同善文武高跷，成为省级非物质文化遗产之后，在第四代传人张永环率领下，焕发出了时代的崭新风貌。他们不仅在本区、本市演出，而且在北京等外省市演出，乃至于走出国门，参加国际艺术节的展演活动，其卓著声名，享誉海内外。

宋氏彩绘葫芦与咸水沽

李德宝

去过咸水沽的人都知道，这是个有着小桥流水人家风情的小镇。这里有着娴静幽雅、诗情画意的多姿美丽，还有不少寓意丰富浪漫的风俗民情。

咸水沽居民对葫芦文化有着特别的青睐和推崇，由于“葫芦”与“福禄”音同，它又是富贵的象征，代表长寿吉祥，咸水沽人喜欢以彩绘葫芦作摆件、佩饰。咸水沽宋氏彩绘雕刻葫芦的第一代人宋毓麟是晚清年间的监生，劳作之余喜欢读书、练字、摆弄葫芦。他的儿子宋德玉自幼耳濡目染，在葫芦上写词作画比他父亲有过之而无不及，并且还把字画雕刻下来，配上颜色，这一下锦上添花，使得普通的葫芦被赋予了一种生命。宋德玉为人善良、热情，左邻右舍谁家孩子结婚，他就在葫芦上画一个“和合二仙”图，题上“百年好合”送过去；谁家老人过寿啦，他挑一个上好的葫芦，画上“寿星老”刻上“寿比南山”摆在桌上；前院大爷体弱多病，宋德玉把雕刻着“福寿安康”的葫芦挂在他屋里，老人心情大好，身体一天天好了起来；有一老奶奶为结婚五年没有孩子的媳妇祈福，宋德玉在葫芦上刻上“合和美满，心想事成”，没出半年，儿媳妇有喜了。一来二去，向宋家讨求葫芦的人络绎不绝。

咸水沽的居民有屋里挂葫芦摆葫芦的习俗。中华人民共和国成立后，更多的人家有能力盖土坯房子了，那“中梁”上必须要有葫芦的剪纸或绘图，据说这样一来居家才平安顺利；比较讲究的人家则要用红绳线串绑五个葫芦，找人刻上“五福临门”。现如今年过七旬的第三代传承人宋士贤夫妇，也记不清为多少人家无偿地剪了多少个葫芦，刻了多少个“五福临门”了。

改革开放后，尤其是近十年，咸水沽弯窄的马路都变成了有绿化带的通衢大路，许多家庭都有了私家车……细心的人会发现，许多人的车里都挂个小巧玲珑的彩绘葫芦。看得出咸水沽人对葫芦文化情有独钟。彩绘雕刻葫芦也有了进一步的创新。有一次，一个小学生父子俩站在二米多高的“连年有余”彩塑葫芦旁合影，爸爸故意考儿子：“这葫芦怎么长这么大？”儿子笑着答：“葫芦只长一季……长不了这么大，是人造的。”宋士贤正在跟前，听后直夸：“好聪明的孩子！这个葫芦是我们花了半年多的时间，用一种特殊材料塑造成功的！”

如今的咸水沽居民们大都住进了楼房，但是屋里摆放葫芦的习俗没有改变。葫芦的彩绘雕刻制作技艺也与时俱进，不仅运用了中国画的勾、勒、点、染、擦、白描等手法，而且还在技法上借鉴雕刻工艺的镂雕技法，将构图以外的空白部分全部镂空，透刻上折线纹、如意纹、古钱纹等各式花纹，不仅改善了葫芦的透气传声性能，也增强了葫芦的整体审美艺术效果。

痴迷祖国传统医学 推拿艾灸“非遗”传人

杨玉燕

寇玉斌因创立寇氏中医小儿推拿技法、传承中医艾灸直接灸疗法,被津南区命名为非物质文化遗产代表性项目传承人。他讲述了在改革开放的时代背景下,自己从公立医院下海创立私人诊所,用推拿艾灸等传统医学的宝贵财富,为百姓服务,传承祖国非物质文化遗产的点点滴滴。

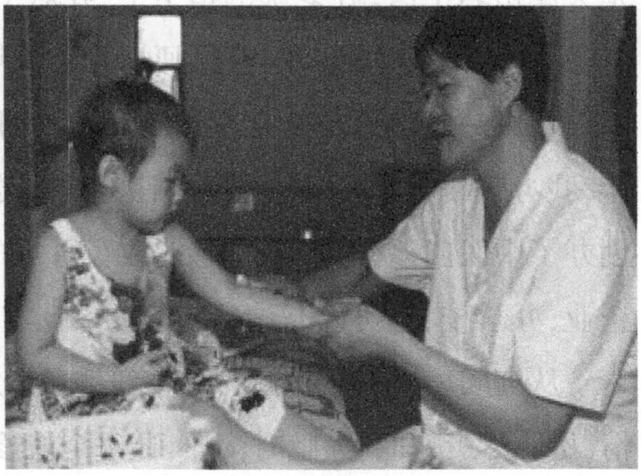

寇玉斌推拿

投身改革洪流 创办中医诊所

我是1973年出生的，我们这一代，是伴随着改革开放成长起来的一代人，而且在成年之后，改革开放也切实改变了我的职业生涯。

我出生成长都在津南咸水沽，在医疗条件还不发达的过去，这片土地上就活跃着许多民间中医，这使我从小就对中医疗法有着浓厚的兴趣。

我本来是学西医的，先在武清卫生学校西药药剂学中专毕业，后来又在天津医科大学临床医学专业上了四年大专，直到1998年才正式学习中医——报考了天津中医学院的成人班。在那里我幸运地遇到了恩师刘国柱，刘国柱老师的父亲刘宝奇也是天津市名中医。在老师的指引下，我对中医的认识渐渐地从好奇、懵懂走上了正轨。跟着恩师学习了4年的中医理论和知识，加上每周一天随恩师坐堂应诊的经历，让我心里有点底了。2002年，我办理了停薪留职，凭借自己对中医学的一腔热情，当年便创办了中医门诊部。这真得感谢改革开放的好时代，私人可以办企业，办学校，也可以开诊所。

从询问病情，制定方案，一直到患者治愈，我都满怀着关切之情，尽职尽责，和病人随时沟通，让每个就诊的人感到安全、踏实。

心系患病少儿 专注推拿艾灸

开办诊所后，我深造的脚步没有停止，2002年至2005年又在中医学院上完本科。与此同时，我还在实践中学习：开诊第一年，每周三我都把刘国柱老师接来，这一天我会把一周内看得不太明白的病历拿出来向老师请教。我了解得越多，就越觉得植根于中国传统文化的中医博大精深，尤其是用非药物疗法进行保健和治疗。

推拿和艾灸两种疗法依据中医的经络学说调理身体、治疗疾病。年龄小的孩子，生病之后非常痛苦，又很难配合医生打针吃药，这样的方法简便又实用。从2012年开始，门诊部开始大力开拓艾灸和小儿推拿项目，通过物理治疗减轻孩子的病痛，我把从恩师那学来的小儿推拿实践应用，形成推拿、艾灸双管齐下的治疗特色。渐渐地，不仅积累了丰富的诊疗经验，而且形成了良好的口碑。2016年和2017年我因为传承“中医艾灸直接灸疗法”，创立“寇氏中医小儿推拿技法”有所成就，两次被津南区命名为非物质文化遗产代表性项目传承人。这是对我多年工作的肯定，也激励我潜心学习，将祖国医学发扬光大、传承下去。

热心公益活动 推广中医文化

除了行医，近几年我为了让更多人了解小儿推拿，在门诊部做过多次公益“家长课堂”，让更多的家长认识、学习、使用这种古老、有效、绿色的治疗方法。看到家长们渴求知识的眼神，听着他们反馈应用效果，我特别有成就感。随着“非遗”活动进校园的开展，我还走进了天津大学，让更多的人了解传统疗法的独特魅力。最近，我和同事们还结合工作中的案例，到公立医院与广大医务工作者交流，给他们讲解推拿、艾灸疗法，希望和他们一起推动中医文化的发展与传承。

回想这二十年走过的路，是改革开放打破了城乡差别，让我们这些生活在乡村的人有了新的发展机遇，是这个时代帮助我实现了创业梦，使我的门诊部得以发展壮大。如今，国家非常重视非物质文化遗产的保护，民众的非物质文化遗产保护意识也不断增强，我觉得非遗传承的不仅仅是祖先的经验和技术，还有我们民族的血脉和情感以及我们作为中国人的生活方式。未来，我要以初心致匠心，从优选徒传授，与更多热爱祖国中医文化的人一道，继承和创新祖先的文化瑰宝。

（本文由寇玉斌口述）

乡土情缘话面塑

李纪莲

说起乡村民俗，老辈人都知道，那时的集市上有打把式卖艺的，变戏法的，也少不了"捏面人"的。大人赶集，给孩子带回一个"面人"，那可是比过年穿新衣服还要高兴的事情。对于平民百姓家来讲，这个面人无疑就是既有文化内涵又有艺术风味的奢侈品。

面塑作为中国特有的民间艺术，起源于汉代。据说当年诸葛孔明率兵出战，班师回朝途中泸水沟遇阻，说是需要四十九个人头祭江。孔明心生一计，用米面做成人头推入江中，这才顺利渡江，从此凡面塑业者均供奉诸葛亮为祖师爷。到近代，面塑融入了人文艺术的精华，风格上有了很大的变化，逐渐从街头民间玩具发展成为案头的艺术品。一代代民间艺人除了运用传统手法，又吸收雕塑的相关技巧，使这种古老的民间技艺达到很高的艺术境界。

咸水沽镇是天津海下著名的文化古镇，人文底蕴丰厚，咸水沽镇出产的工艺面塑有着特有的风格，并在2016年被列入市级非物质文化遗产项目。时至今日，咸水沽镇逢年过节时，“捏面人”的摊前仍是里里外外围着一群人。许多人喜欢看着各色面团在师傅手心里揉搓几下，一挑一拨，就成了有鼻子眼睛的生动人物。

咸水沽镇工艺面塑传承人宋彦艳的手艺源自她的外婆勾素珍(1904—1987)。老人有一手精致的面塑手艺，过去的人们逢年过节、老人过寿、家里添丁，都会蒸出寿桃、蝙蝠、龙凤呈祥等面食庆贺。中华人民共和国成立前，勾素珍一家就走街串户以此为生。后来，宋彦艳的大姨母学会了这一技艺，但当时正值破四旧的年代，加之生活贫困，原料不足险些失传。到宋彦艳这辈上，面塑又重现了活力。特别是过大年的时候，除了张灯结彩贴对联，家家户户都会发上几盆白面，巧媳妇俊姑娘在家蒸出各式各样的面点，一部分用于“上供”，再就是给亲戚朋友送礼送吉祥。这个习俗延续到现在已经有两千多年的历史，是原汁原味的乡土情缘，代表了人们喜庆的心情。

现在，宋彦艳从事工艺面塑已经二十多年，她四处拜师学艺，一门心思投入其中，形成了特有的风格。咸水沽面塑擅长塑造中国古典名著人物。一组红楼十二钗，人物肌肤像真人一般，晶莹富有弹性，神态细腻传神，情景、色彩和谐高雅，一组面人一段经典故事，展示了独有的民间艺术感染力。主要特点是以小讨巧，侍女的面部只有拇指盖大小，眼睫毛比发丝还细。精工细雕，抓住人物的神态展示独特的内在气质和精神面貌。

面塑的原材料易得，耗时费心的精美作品容易干裂，这也是面塑濒临失传的原因，所以各家都有自己的秘方。现在的面塑以精细面粉为主，添加江米粉、蜂蜜、甘油等。面粉蒸熟还需多道工序，蒸熟的面团染色后就成为得心应手的雕塑材料，做出的作品质感逼真，不干不裂不变质，可以永久保存。

海下同乐高跷

周慕名

咸水沽镇“海下同乐高跷”历史悠久，发端于清同治十二年（1873），同乐老八爷周铜为会头时，至今已有145年历史。

同乐高跷会会头周铜，是一位饱学之士，其子周景颐是清末科举秀才，曾任当时咸水沽镇镇长。周铜之孙周汝昌先生是国学大师、红学泰斗，这样的书香门第率领的花会，其文化内涵和底蕴可想而知。

同乐高跷具有“不故步自封，兼收并蓄，万变不离其宗，移步而不变形”的文高跷风格。

头棒、渔翁、樵夫、俊鼓、傻儿子等表演程式，吸收了京剧舞台表演的程式，扮相、舞蹈面目一新；傻儿子借鉴了曲艺相声表演，当场抓彩儿现挂，噱头横生，趣味无穷。

从前古老的咸水沽镇没有众多的娱乐场所。尤其是到了冬天，田地里没有耕作的劳动，船工因冰封河面无法行船。闲下来的人们,有钱的可到说书场听说书，繁华的关帝庙前头的空场，有时来了变戏法的、打把式卖艺的能吸引众多的闲人们围观，但冬天最好的去处当数背风向阳的南墙根儿。它会吸引众多的闲人在那里聊天说话,形成了古镇一条特有的风景线。

同乐高跷

镇西头的同乐高跷也时常在这里练习。

刘国华先生的《古镇稗史》中记载着这样一段逸事,有一位同乐高跷渔翁的扮演者,一天他家包饺子吃,家人让他去端着碗买醋。他端着满满的一碗醋,忽然听到南墙根儿传来高跷会“乱三点”的鼓音,他端着醋碗,一路耍起来。等到家门口,一碗醋,全让他耍光了。

有一年耍会时，一个咸水沽镇劣绅——外号小五鹰子,戴着墨镜看耍高跷的,正逢同乐高跷出会,傻儿子和傻妈妈出对儿表演。

对白时,傻妈妈问傻儿子:“干吗去了?”傻儿子回答:“我拉驴推磨去了”。“那拉磨的驴呢?”“俺还没卸磨呢。”“那叫驴(公驴)到底在哪呢?”傻儿子一指人群中戴墨镜的小五鹰子说:“那不还戴着捂眼儿在那看会了嘛。”

看会的人们,万目齐瞧戴墨镜的劣绅小五鹰子,哄堂大笑。这要在平常,小五鹰子还不扒了傻儿子扮演者的皮呀。这出会就不同了,约定俗成,现场抓彩儿,谁也不能破例找碴儿。

过后人们偷偷问傻儿子扮演者,当时他知道不知道戴墨镜的是小五鹰子?他回答说,他就是脱了皮,俺也认得他的骨头。俺就是借出会的机会,损损他,给人们出口气。

海下同乐高跷,是一个颇具独特风格的民间花会项目,经过几代人的不断改革创新,逐渐成为“海下同乐高跷”特有的表演模式。随着岁月斗转星移,一些绝技濒临失传。现今一批喜爱民间艺术的青年人组织了起来,他们希望使“海下同乐高跷”这一非物质文化遗产充满新鲜血液,形成“既是非物质文化遗产,又具有时代特征”的民族传统文化项目。

罗氏五十四枪

周慕名

老年间，咸水沽镇的习武之人有很多，铁胳膊雷五、津沽名医王伯新、武林高手邵瑞等都是刀枪棍棒能使得潇洒自如的。提到刀枪棍棒，那就不得不说一说津南区非物质文化遗产项目“罗氏五十四枪”。这门绝技已在咸水沽镇传承了整整五代人。

不同于六合枪、梅花枪，罗氏五十四枪是由名将罗艺（罗成之父）首创。这项绝技源于三国时期蜀汉名将姜维，隋朝时，罗艺娶了姜维后人的女儿为妻，他凭借自身极高的武术天赋，将姜家枪法进行了吸收和改进，便自成一派，传承至今，故有“罗家枪姜家传”的说法。到了南宋时期，罗家枪发展成五虎断门枪，即姜、罗、杨、岳、高。其枪诀为：“此枪之势最高强，崩三拷四实难防。左右定下夺门势，后有不良断门枪。断门枪法世间稀，枪响进步无

罗氏五十四枪

挪移。崩挎诓诈难取胜，古代传留二人知。”

早年，罗氏五十四枪在津南流传很广，相传清雍正五年(1727)，一自称“癞”的异人云游至沧州孟村。孟村里一个叫吴钟的习武少年颇受他的喜爱，因吴钟仁义厚诚，遂收其为徒；清雍正十年(1732)，又有一自称是“癞”的弟子，名叫“癖”的武林人士，奉师命，拜访吴钟，授以大枪(罗式五十四枪)奥妙。吴钟学成后，到津南区咸水沽设场授徒数年。后南游至浙江莆田少林寺，与少林方丈比武较量，只身持枪三进三出寺门无人可阻，使镇寺钦差惊呼“神枪”，寺主方丈敬赠锦镖一囊。后康熙帝十四子胤禵闻其名，邀其比武，两次将殳(比武用木杆)端白粉和浆涂于胤禵眉间而不觉，使胤禵敬服。

据说，当年咸水沽镇宝河鱼店的花鞋李四爷也是耍得一手好枪呢。花鞋李四好习武，爱和练家子过招儿。他爱讲究吃喝穿戴，为人长得也帅气，且总爱穿绣花的缎鞋，故被人称花鞋李四。

当时咸水沽镇有王姓人，在西头开有冰窖的买卖，非常赚钱。花鞋李四也想做冰窖的生意，那时冰窖不是随便就能开办的。因王家有朝廷赐给的铁牒，方能做冰窖的生意。

花鞋李四不服。一次花鞋李四在家门口，远远望见冰窖王家的大爷，人称"大疯子"的，走过来。他急忙回屋拿出一杆大枪，拦住王大爷，非要过过招不可。

这位王大爷身材高大，臂力过人。他一看花鞋李四的扎枪，冲着自己的面门乱抖，也不惊慌。

只见王大爷一扭身，抄起肩上的夹袄朝枪尖一抽，青夹袄裹住了枪头，王大爷右手用力一拽，花鞋李四已站立不住，身子往前一趴。王大爷右手掐住了花鞋李四的脖颈。

王大爷松手。二人一阵哈哈大笑。花鞋李四说，疯大哥还真有两下子，王大爷从扎枪上拿下夹袄说道，兄弟，还得加紧练呀。

可见当年咸水沽镇使枪的练家子还真是不少呢。如今罗氏五十四枪的传承人把这项非物质文化遗产带进了咸水沽镇的各个社区和学校进行义务推广，就是为了让中华儿女强健体魄，弘扬中国的传统武术文化。

孙氏武术“罗家枪”

王振森

“罗家枪”也称“罗氏五十四枪”，是中华武术的瑰宝，它涵盖了传统五虎断门枪的部分招式，还有许多独有的奇招，经过几代武林高手的发扬光大，发展成为名震武林的独门枪法。

罗氏五十四枪共分两趟：第一趟24枪，第二趟30枪。这门绝技已在咸水沽镇的孙氏家族中传承了整整五代人。“罗家枪”传承人孙业权的太爷孙文渤虽说是武林高手，却与“罗家枪”隔着行。无巧不成书，就在1917年那年，由于孙文渤在塘沽一带开荒种稻时，结识了在当地行医的“罗家枪”传人孟繁章。时间一长，二人关系甚笃，并互相交换技艺。本来以“青萍剑”擅长的孙文渤，学到了“罗家枪”的套路后，更是如虎添翼。从那以后，孙氏家族便系统地继承了“罗家枪”。

罗氏五十四枪源于三国时期蜀汉名将姜维,隋朝时,罗成之父罗艺娶了姜维后人的女儿为妻,罗艺凭借自身的极高武术天赋,将姜家枪法进行了吸收和改进,便自成一派,传承至今,故有“罗家枪姜家传”的说法。

罗氏五十四枪与其他枪法相比,神出鬼没、变化无穷,不但出招凶狠、雄浑果敢,而且又精巧细腻,拦拿柔秒,脉络分明。全套攻击的枪法部位主要是咽喉、外肩、裆部、胯部等。此外,还有拦、拿、提、捋、劈、崩、穿、点、挑、拔、扫、磕等独具特色的枪法。体现了快、巧、妙的特点。另外,还配合各种步形、步法,才构成了完整的罗氏五十四枪的实用套路。以攻为守、守中带攻、攻守结合就是它的特点。其枪诀是:此枪之势最高强,崩三拷四实难防。左右定下夺门势,后有不良断门枪。断门枪法世间稀,枪响进步无挪移。崩拷诓诈难取胜,古代传留二人知。尤其是招式“败中取胜”,就是民间俗称的“回马枪”。速度之快,常令对手躲闪不及。

“虚合开实闪展腾挪见刚而闭,随撩而入如行云流水,石火电光使人防不胜防。御之不及徒有拔山之力南奏,于无人之境,总之飞杆千金击秋而去损,青丝一利,此断门枪诚武备家之精髓,战斗之绝艺也!”这是前人观看罗氏五十四枪之后,对其绝妙招式的赞叹,夸赞其变化莫测,神化无穷,动如雷霆闪电,细如游龙穿梭,节奏分明,气势雄浑。

罗氏五十四枪的第五代传承人孙业权先生说:罗氏五十四枪最重要的是它体现了中国的武德文化。我们在电视剧和电影中以及现实生活中看到的长枪枪缨都是红色的，而罗氏五十四枪使用的长枪枪缨是白色的。可以说，红色代表血液，而白色则有手下留情之意。因此，罗氏五十四枪虽猛，其宗旨是点到为止，放对方一马。这种武德文化，需要武者继承和发扬。

如今，“罗家枪”成为咸水沽习武者的追求，只要向孙业权讨教，他都传授。社区和学校都有为强身健体习练“罗家枪”的人们，中国武术的传统文化正在融入人们当下的生活。

津南李氏鸟笼

周 颉

养鸟玩笼古来有之。尤其老年人，清晨傍晚，手提鸟笼溜达，是既遛鸟又遛人，锻炼身体，颐养天年。

鸟笼文化兴于清康乾盛世，以天津、北京为中心，是传统文化的一部分，由养鸟而慢慢形成的一种可观赏的物品，也是一个地区人文的象征。

旧时有一位老学究在咸水沽镇教私塾，他是清朝末科秀才，自幼受祖父影响，爱养鸟玩笼。他曾给古镇的人们看过一件宝贝，这宝贝放在柳条编制的扣篓中，用红绒绳捆绑、黄纸包裹，是他早年在京为官的祖父，告老还乡时带回来的。他解开红绒绳，打开黄纸，里边又是一层白色毛透纸。轻展毛透纸，才露出了这件宝物。

李氏鸟笼

原来是一个小鸟笼。这小鸟笼尺把见方。笼圈、笼丝均为紫檀木制成，紫中透红，红中透润。只有韭菜叶宽的笼圈上雕刻着花饰。两根象牙刻成的跳杠下镶设了一道同样牙制的绊索，这是为阻挡小鸟翻杠子而备的。跳杠的两端是四只白底蓝花景德镇瓷食缸。这些食缸有的像圆鼓，还有的犹如一个小花瓶，使得整个鸟笼显得古朴典雅。

这是专门饲养绣眼鸟的笼子。光有好鸟不行，还得要配上精致的笼子和配件，方可达到有品位的境界。文人雅士在酒馆茶楼，林荫书斋，一边饮酒品茗，一边鉴赏精美的鸟笼，一边聆听小鸟如泣如诉的鸣叫，这样宜人的场景和文化氛围，怎不令人清气上升，浊气下降，忘忧而拾趣，益寿而延年呢？

李氏鸟笼

这位老学究还珍藏着一部先祖和他手书的《鸟

经》,虽未刊行,但已有手抄本流传民间。

李氏鸟笼

可见旧时咸水沽养鸟玩笼的人极多，鸟笼文化在古镇盛行。如今提及代表咸水沽镇鸟笼文化的物件不能不说李氏鸟笼。李氏鸟笼是津南区非物质文化遗产,以其历史悠久、工艺先进、制作精良蜚声京津冀，特别是其制作的大漆鸟笼受到了各地名家的青睐和收藏。大漆鸟笼表面光滑、圆润、有质感,可以避免鸟笼初制时出现毛刺,同时也能保护鸟笼在制成以后不会脱水干裂,它是用漆树分泌出的漆液涂制,纯天然,无污染,且光亮美观、高贵典雅,每漆制一件大漆鸟笼至少要经过几十次的刷漆,上百次的打磨。

津南李氏鸟笼发轫于清末,20 世纪 70 年代末,第三代传承人李毓新,不断改进鸟笼制作工艺,增加了鸟笼的品种和造型,发明并自制专用工具、胎具,使李氏鸟笼声名大振。李氏鸟笼第四代传人李洪生,进一步在大漆鸟笼的漆制工艺技术上下功夫,父子俩经过长时间的摸索和反复试验,终于攻克漆制难关,形成了自己独一无二的大漆鸟笼制作工艺流程。

李氏鸟笼传承至今日，经历了几代人的不断探求和艰苦努力,彰显着津南人的智慧、勤劳、坚韧,为中国的鸟笼文化、漆文化、收藏文化的传承做出了艰苦努力。

林氏剪纸

兆 丰

剪纸是用剪刀或刻刀在纸上剪刻花纹，用于装点生活或配合其他民俗活动的一种民间艺术，以广大劳动妇女为主体，具有最广泛的群众基础，也是一种地域性最鲜明，历史文化内涵最丰富、源远流长的文化形态。流传于津南咸水沽地区的剪纸，构图饱满，风格质朴，造型生动，蕴含着浓郁的乡土气息并带有独特的漕运文化痕迹。

剪纸艺术起源于中国汉代，最早的剪纸是以剪的形式剪出金银等饰物贴于鬓边。它交融于社会生活的方方面面，是普通民众表达思想、情感的一种方式，有着长达几千年的文化积淀。至今发现最早的剪纸实物是敦煌莫高窟和藏经洞的“唐朝五代”的剪纸，而剪纸是一辈辈劳动妇女智慧和技艺的高度结晶。过去妇女多不识字，所以人们很难从典籍和文献中找到剪纸艺术的流传记载，它只是靠一把剪刀（刻刀）和一张纸，在母女、邻里间一代代地传承下来。

林氏剪纸

被列为津南区非物质文化遗产的林氏剪纸，就是一种在母女间相传的民间技艺。林氏剪纸的第二代传承人，每逢咸水沽的年节或乡亲婚娶、添丁、过寿等重要的日子，就会用剪刀剪出各种适合的图案，以添加喜庆气氛，如年节时的“肥猪拱门”，婚娶时的“喜字”“上炕石榴下炕桃”，添丁时的各种“喜庆娃娃”，过寿时的“五福祝寿”等，体现了独特的地域文化。她也会在春冬两闲时剪出精美的各种花样，作为绣鞋、裙子的纹样，很受邻里乡亲的喜爱。其女林树珍从小言传身教，继承了这门技艺，所剪的窗花、喜字、灯盘等深受大家喜爱，并设计出独特的“圆形五联续喜字图案”，其作品具有浓郁的地方风情，以淳朴的艺术形式，丰富的创作题材，保持着旺盛的艺术生命力和吸引力。第四代传承人宋彦艳通过不断学习和改良，在传承传统纹样和技艺的基础上，结合工笔画、立体浮雕、单色剪纸、套色剪纸等手法，设计出独特的“染色立体剪纸”，为这一古老的艺术增添了新的生命力。

剪纸艺术是传承发展中华传统文化的一个载体，剪纸渗透于百姓生活的方方面面和衣食住行。红学家周祜昌先生曾回忆，旧时古镇每逢过新年，周家经营的“同立木号”，大门前都装上隔扇，进出必须走边门。他们弟兄几个要在红纸上写下恭贺新年的文字，制作成贺年红帖，隔着窗棂向铺子里扔，扔得满地都是，年味满屋。这样新年才能生意兴隆，财源广进。而这红帖风格各异，就是由剪刀剪制而成的。

如今林氏剪纸的传承人正致力于传授技艺，培养孩子们对剪纸这一传统民间艺术的兴趣。下一步，林氏剪纸还将开发适合现代社会的新产品，通过展览、展销活动推广这一独特的民间技艺，让这项古老的民间艺术焕发出新的生命力，让这项记载着中华古老文明的民俗文化技艺不断传承下去。

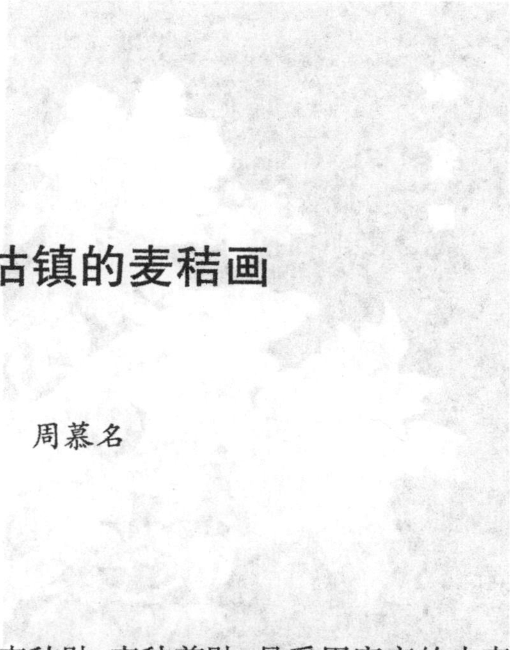

咸水沽镇的麦秸画

周慕名

麦秸画，亦称麦秆画、麦秸贴、麦秸剪贴，是采用废弃的小麦秸秆，经煮、染、刮、拼、剪、烙、贴、裱等多道工序加工制成，是流传于民间的传统民间艺术品，其内容多为反映地域民风民俗的吉祥图案和人物、花鸟鱼虫、自然风景等。

该艺术最早始于隋唐时期，明清时期较为兴盛，清末民初，民间尚流传此艺的地区有广东潮州、河南南阳、天津津南等。麦秸画的主要原材料是废弃的小麦秸秆，经过艺术加工成为美化生活和环境的艺术品。麦秸画作为古老的传统艺术，不仅备受国人青睐，在国外同样也享有极高声誉。

麦秸画实实在在地来源于民间，主要在农民的手中传播。在咸水沽镇还有大片庄稼地的时候，夏日里，推开门走一段路，就

麦秸画

能看到风吹麦浪的景象。有些老人怕家里的小孩子出去和别人打架，就给孩子做麦秸画，想用这种方法把孩子留在家里。老人烧起大锅，把选来的那些粗壮、光泽度好的麦秸，抓一把放到大锅里，焖上一会儿后，就可以用了。如果需要有颜色的麦秸，就把染布用的染料放到锅里一起煮，麦秸就有颜色了。作画的人从来不打草稿，所用的工具也只有家用的剪刀和糨糊。剪剪贴贴中，一幅幅生动的麦秸画就那样活灵活现地出现了。

咸水沽镇麦秸画传承人王天庆，师从其祖母刘玉德（1886—1956）。刘玉德自幼受父亲刘宝坤影响，钟爱剪纸和秸秆剪贴，用麦秸、玉米秸、高粱秸等剪贴以传统节日和民俗故事为题材的图案，如《五福捧寿》《多子多福》等。因家境贫困，无暇研习此艺，刘玉德至晚年才将此艺传授给王天庆，使得这项民间艺术能够在津南流传下来。近年来，津南区注重非物质文化遗产的发掘、整理、传承，咸水沽镇的麦秸画于 2011 年被列入津南区非物质文化遗产项目。

传统麦秸画多为原色，颜色深浅的变化多用烙铁来实现。当年做麦秸画时，总是把烙铁扔到灶里烧，掌握好火候拿出来，在麦秸上烙出想要的颜色。如今火烙铁已经没地方烧了，现在咸水沽镇的麦秸画用的是电烙铁。在这一步骤中，火候的掌握最为关键。当然也可采用颜料上色的方法。

一幅秸秆画，要经过多道工序，首先要选择适合的麦秸秆材料。现在在天津很难找到适合的麦秆了，这和水土气候有一定的关系。咸水沽镇的麦秸画是从山东、安徽、江苏等地定期收麦秆。作画前，要将麦秆提前蒸一段时间，使它变柔软，然后把秸秆劈开、晾晒、染色，接着用刀片将里层的膜刮掉，将麦秆皮粘在硬纸板上，之后就可以根据需要的形状，剪贴作画了。

王天庆和其子王泽立不仅掌握了传统的技艺，还打破了固有的思维模式，大胆创新，不仅在加工处理材料时加入了新的技法，还吸收了工笔画的特色。他的每幅作品几乎都有故事，至今他已经创作出近千幅反映当前生活的作品了。

麦秸画，绽放坚韧的脊梁

宁书云

一直以为小麦只是为抵抗我们身体的饥饿才由天地造化而生的，直到看了一期中医养生节目知道了小麦不仅能饱腹，还能够补养心脏，治疗心神不宁、失眠等症，我对小麦的尊崇顿时油然而生。更令我震惊的是，在第二届京津冀非物质文化遗产的展览中，咸水沽镇的王天庆先生制作的一幅幅麦秸画，栩栩如生，巧夺天工，令我惊叹不已！那些曾经在我们脚下踢来踩去、丢进灶膛里燃成一把黑灰、分文不值的麦秸，居然以艺术品的身份出现在富丽堂皇的美术馆里。

麦秸画又称麦秆画、麦草画，源于隋朝，兴于唐宋宫廷，而后流行于明清。它是中国民间剪贴画的一种，麦秆经过“熏、蒸、漂、刮、推、烫和剪、刻、编、绘”等多道工序，根据麦秆本身的光泽、脉络和质感，根据创意进行剪裁和粘贴而制成各种风格的作品。我一进画院便被一种温馨的宁静和明丽的光泽拥抱，画作包括人物、建筑、风景、花卉、花鸟、动物、果蔬等，现代气息与仿古风格、纯色与彩色工艺兼有。

麦秸画

我一幅一幅地凝神欣赏。《龙凤呈祥》《家和富贵》《靓洁素雅》等几幅画基本是一种淡雅的纯色麦秸黄，画中龙、凤、白孔雀和鲤鱼真是凤羽龙鳞纤毫毕现，线条流畅飘逸，极具工笔的功力。同时利用麦秸的自然光泽和纹理有层次地叠加起来，像清晰的浮雕一样炫目。特别是画中的龙虽然峭拔凌云，但因为用的是麦秸的纯色，看上去比其他闪闪夺目的艺术品又多了几分内敛和理智，简直惟妙惟肖！

《锦绣前程》《锦上添花》和《富贵吉祥》等几幅则是色彩非常丰富明丽的。九条锦鲤花色不一各具情态，每幅十余朵牡丹花角度不同，颜色鲜艳过渡自然，透视层次分明，叶脉清晰，质感饱满，陶醉于画面，我竟觉得宁静中充满了生机，芳香穿透玻璃的镜面弥漫出来……

展品中还有高贵矜持姿态优雅的白孔雀、蓝孔雀、锦鸡、雄鸡以及多种形态各异的小型鸟雀，那些小鸟的羽毛细过发丝，光泽悦目，活灵活现，简直是神来之笔。还有双牛的《牧归图》、一对天鹅的《伴侣》和《双骏图》《平安》等古朴自然而温暖的画作。展品中还有各种建筑的微缩模型，很遗憾没有亲眼得见在网络视频里看到的长 15 米的《百吉图》。

在朴素的画院里，静静地欣赏王天庆父子的麦秸画，每一幅都饱含安恬和祝福，生命和愿景，汗水和艰辛！难怪他的麦秸画多次在中国民博会上获奖，入选上海大世界吉尼斯之最呢。

“麦秸画”已列入天津市第三批非物质文化遗产代表性项目。抚摸着本色的麦秸画，我不禁又想起麦子，怀抱梦想蛰伏于冰雪，等待春风蓬勃地分蘖……人，多像一粒麦子呀，把脆弱的生命高举过头顶追求阳光，让挺拔的脊梁不朽于岁月留与后人，正像我们泱泱中华传承的精神！

第三部分

名人寻踪

田连元咸水沽拜师

郑耀庭

田连元先生是当今书坛上大名鼎鼎的人物，20 世纪 80 年代，他以一部《杨家将》风靡大江南北，和袁阔成、单田芳、刘兰芳等人一道成为中外知名的说书人。田连元生在东北，成名也在东北，但是他的艺术起步却是在天津，更与古镇咸水沽有着不解之缘。

1941 年田连元生于吉林长春，他的祖父田锡贵和父亲田庆瑞都是著名的说书艺人。幼年时田连元随父母从东北迁居到关内。1948 年定居咸水沽。在咸水沽居住的这几年里，田连元度过了自己的学生时代，最重要的是，在咸水沽，他拜了老师，从此正式进入了艺术的殿堂，成为一名专业说书人。

虽然田连元的祖父、父亲两代人都是艺人，但是在那个时代,要想成为一名职业说书人,必须要经历拜师的流程。所谓拜师往往有三重意义:一是可以随师学艺;二是起着一种尊师重道的意义;三是有了老师后,从此可以受到行业的认可与保护。因此在从前,拜师收徒对于一个演员的艺术生涯来说,是一个非常重要的环节。

父亲田庆瑞让年幼的田连元拜在王起胜的门下,王起胜当时正在咸水沽演出,他以说《施公案》为主,很受当地听众欢迎,场场爆满。同为艺人,田庆瑞和王起胜非常熟,田连元也经常去现场听王起胜说书,后来遵父命拜在王先生的门下。

中国有句古话,叫作"师徒如父子",既然拜入了师门,老师和学生之间就形成了一种紧密的关系,老师自然要对学生负责。王起胜对这个新收的徒弟,确实是花费了一番精力。当时,年幼的田连元还叫着田长庚的名字,为了给他起一个响亮的艺名,王起胜带着田连元找到了自己的父亲。这位清末的秀才经过再三思考后,最终取"连中三元"的寓意为田长庚改名田连元——不知当时的他是否会预料到,这位年幼的少年日后能够蜚声书坛,闻名中外。

拜师后的田连元真正开始了自己的艺术道路,在和父亲、老师学艺的同时,他自然要承担起靠艺术养家糊口的责任。他先后辗转小站、杨柳青、静海等津郊重镇演出,艺术水平渐渐有了提高。后来在济南说书的时候,田连元考取了本溪曲艺团,经过几十年的刻苦磨砺,成长为一代说书大家,驰骋书坛几十年,而咸水沽可以说是他艺术生涯的起点。

关于他的老师王起胜，资料所载并不多。20世纪50年代，王起胜加入了天津河西区书曲队（王的老师咸士章也同在这个曲艺团体）。他的公子王佩元是著名相声演员。王起胜因为辈分高，资历老，在业内是一位很有威望的老前辈，除田连元之外，他还培养了不少学生，在各自的领域都取得了不错的成绩。

僧格林沁与咸水沽

刘景周

僧格林沁是清代重臣。他年纪轻轻就袭封为郡王。第二次鸦片战争期间，僧格林沁受命镇守大沽炮台，天津至山海关滨海地区都是他的防地。转年四月，英国兵船开到大沽口，僧格林沁为钦差大臣督办军务，筑双港、大沽防御工事，增设水师。五月英法联军登岸，僧格林沁力战，击沉敌舰多艘，击伤英舰队司令何伯。咸丰九年英法联军攻占天津、北京，火烧圆明园。在口岸门户抵挡不力，放敌肆虐的"守门员"，正是僧格林沁。

历史上僧格林沁与咸水沽的联系，就是他在咸水沽的营田。

《续天津县志》，载有崇厚上的《水利营田疏》。疏文写于道光二十八年十二月十一日。其中一段说："咸丰九年，钦差大臣亲王僧格林沁，督兵，以海河两岸旧有水田日久废弃，倡劝捐资，在于咸水沽营田三千五百四十亩,葛沽营田七百五十亩,挑河建闸,引用海河潮水以资灌溉。就地召集农民,发给资本任种。其时,臣随办海防,亲见相度规划,遂使斥卤之区成为沃壤。今已四载,岁获有秋。于是附近乡民咸知水田之利。即有泥沽等开垦稻田多顷,闻风兴起,确有成效。上年夏间,僧格林沁将开稻田奏奉谕旨,交直隶督臣派员经理,督臣饬委天津海防同知姚经陛,就近经理在案。"

这篇文献,虽讲了僧格林沁营田亩数、效果和后续处理办法,但却没有详细指明这些营田的确定位置。北京图书馆藏有光绪间崔大令一篇《查勘稻田及各河案禀》,恰好说出了僧氏营田的所在位置。禀文记述:"咸水沽稻田,原系翟淀官滩,咸丰九年忠亲王僧邸垦一百一十三车,以三十九亩为一车,计共三十五顷四十亩。又,同治三年,崇厚续垦三十车,以三十五亩为一车,计七顷五十亩。合成一百四十八车,就地招民领种,逐年荒废。"禀帖中所谓"翟淀官滩"即今天的翟家甸村,现今的区划,已属北闸口镇了。但历史文献记述的都是咸水沽营田。因为在盛军没有开挖月牙河前,翟家甸是和咸水沽地面连为一体的,是属于咸水沽的西南一角。而在盛军没有开挖月牙河前,也没有北闸口这个地名,闸口是因为有了河才产生的地名。当年,北闸口区域也属于咸水沽地面。

禀帖中说的地亩单位"车",指的是一架龙骨水车一昼夜能完成灌田的亩数。一昼夜灌 39 亩,就以 39 亩为一车地,灌 35 亩,就以 35 亩为一车地。后来有些地名就叫五车地、八车地,就是以车计亩的古俗延续而来的。

龙震吟于咸水沽附近的诗

渔 师

龙震为清早期天津最活跃诗人之一，他曾于康熙三十三年应友人之邀，赴葛沽赏桃花。其船行经咸水沽一带，那里的浓郁风情引他留下多首专咏之作。

临近咸水沽，他先赋下一首五律，题为《渔村》，其诗曰：“一湾风忽逆，帆影恋渔村。腥腻桃花水，烟迷柳树门。儿童争海蟹，老妪洗河豚。不信人间世，武陵别有源。”此诗以省净之语，生动描绘出一个傍河近海村庄的捕鱼食蟹生活，龙氏觉得，此间风味，颇似陶渊明笔下的武陵源。

接下来所写之诗，乃为《辛庄》。辛庄坐落于海河之畔，离咸水沽不远。该诗写道：“一棹七十里，辛庄暂下船。庄客迎主人，入门多周旋。妇子欣欣忙，剪蔬并饮金馇。须臾进黍酒，罗列桃花前。四顾惬幽意，举杯生流连。野老归樵牧，苦索春耕钱。”此诗在体裁上属于五古，下笔可更灵活。诗中所言“主人”，即邀其前来赏花之友，此友名叫梁洪(字崇此，号芰梁)，为津门诗社“草堂社”重要成员，此时该公正栖居于辛庄，野老所向讨要佣金的，殆即该氏。

《辛庄》之下诗，题为《舟夕》：“晚帆风影正。潮落水粼粼。海气吞残照，星光动远津。不逢归樵竖，尚见有渔人。何处堪投宿，鸥多欲结邻。”此诗应是龙氏下榻辛庄之次日于向夕之时吟作于行进中的船上。

那么，该夕龙氏究竟投宿于何处呢？七律《苑庄》可作解答，其诗曰：“海村更鼓悄无音，门外潮平夜已深。灯暗频劳农妇剪，杯空何用牧童斟。今宵宿借黄泥屋，明日帆开绿柳林。嘱咐舟人须早起，乘风莫负看花心。”该诗题中之苑庄，今属咸水沽镇下辖之村，诗中“灯暗频劳农妇剪”之句，细腻道出该庄某女主人对龙氏前来借宿的殷殷侍待。

葛沽赏花而罢，龙氏重返咸水沽一带，再赋一首五律，题为《归舟》，内中写道：“花落游人倦，舟回逆水迟。一帆随蛱蝶，双桨起鸬鹚。讴发明霞醉，情深沧海知。近城佳色少，速到欲何为。”津南这一带的自然环境，不由令其心生眷恋之意，殊不欲急返津城。

行至辛庄，龙氏复宿于友人梁氏之家，他在五律《宿芰梁辛庄题壁》中吟道：“日嫌城市狭，何不此村居？种菜畦无数，栽花地有余。海云常到屋，沽水自通渠。读古弹琴罢，出门便钓鱼。”此次短暂的津南之旅，让他萌动了亦如其友梁氏那样长栖于是之念，可见当地自然人文之魅力。

龙震，字文雷，号东溟，天津人。性放旷不羁，不事产业，布衣终身，与津门另一著名诗人张霔结为莫逆之交。该公曾两游江南，凡遇可惊可愕可歌可泣之事，皆发之于诗。人谓其诗“流荡遒劲，似司马子长之文；浑脱浏漓，似公孙大娘舞剑器”。所著有《玉红草堂诗文》《玉红草堂后集散录》，今俱有刻本存于世。

冯启鷬是谁

王勇则

美国国会图书馆藏《天津城厢保甲全图》彩绘本，真切反映八国联军侵华前夕天津城市面貌，堪称近代“中国城市景观地图的典型”。其落款：“光绪二十五年(1899)岁次已亥仲春。总理天津保甲事宜、延津李荫梧敬题。山阴冯启鷬谨绘。”

已知李荫梧(字少云)是河南延津人，1898年署理天津府知府。对于冯启鷬，则踪迹难觅，且有“冯启鹣”等误植。

检《申报》《大公报》等可知，其为浙江绍兴人，亦载“冯启凰”，历任天津县葛沽巡检、海河总巡官、铁路巡官，职掌捕拿盗贼、盘诘奸宄等，负责咸水沽、葛沽等地治安，类于警察局局长。

葛沽巡检，即葛沽司巡检，辖村庄凡五十五(包括咸水沽)。1895年，冯启鷬援“新河防例”，捐纳“县主簿”，指省分发直隶北河。1902年7月仍以候补主簿身份，赴巨鹿、广宗一带参与剿匪。1902年8月30日直隶总督袁世凯接见“葛沽巡检冯启鷷”后，办案消息称“葛沽司冯二尹启鷷”。主簿别称“三尹”，常例正九品；县丞别称“二尹”，秩正八品。可见，冯启鷷履新后已进阶。

《大公报》1903年6月20日《藩牌照录》载：“天津县葛沽巡检吕伟基病故，遗缺应以宣化县化稍营巡检黄兆荣调补。”《大清缙绅全书》则载，黄兆荣（湖南善化县监生）于光绪二十九年十二月（1904年初）调补葛沽巡检，但事实上黄兆荣未及时就位。冯启鷷所任的葛沽巡检虽为署任，但履职约两年，颇著政声，素洽舆情。

一是《大公报》1904年11月13日《不肯使去》：“署葛沽司巡检冯二尹启鷷，在任颇称公正廉明。”“该司属下之咸水沽镇绅民等，皆有攀辕请留之意，拟欲联名禀请冯二尹为该处保甲局委员，以便镇抚地面。”

二是《大公报》1904年12月5日《拟派总查》：“前任葛沽巡检冯二尹启鷷，于卸事以前，该镇各村绅民群相感戴，不认其去已。曾在分府沈司马（天津府河防同知沈金鉴）处，禀请留办巡警等情，业经批准。日昨，拟派委冯二尹为海下大沽、葛沽、咸水沽一带巡警总查差使，以便弹压地面。”

三是《大公报》1904年12月15日《迁升总巡》：“前任葛沽巡检、候补主簿冯二尹启鷷，在任颇为公正。日昨，复经分府沈司马查明，实属公正干练，禀保二尹为海河总巡一差，驻扎葛沽，专巡海河一带，以卫民居。”

据《天津四乡巡警章程》，天津海河巡警局分两局。其中，第一局驻咸水沽（也称咸水沽巡警局），下设三区分驻白塘口、下郭庄、八里台。

海河总巡官冯启鵦为民办事依旧认真。如审理“海下一带卖假车票”案件，几经讯实，“饬将所卖之假车票价追出，分别退还交原主，各自领回”。

报章后称“冯大令启鵦”（知县别称大令），且披露其改任“河东老龙头车站正巡官”。其充当咸水沽一带的闾阎守护神，因慎重勤勚而获迁转，实至名归。

1907 年 11 月，冯启鵦代理“京保、津榆铁路巡警总巡官”。1908 年 2 月，“冯大令启鵦，仍回河东老龙头车站巡官之任”。1909 年 10 月 26 日，“铁路巡官冯启凰、学部丞参严复，均由津晋京”。

李平凡在咸水沽

刘虎臣

20世纪80年代末、90年代初，国际美术交流活动家、曾任中国版画家协会副主席的李平凡先生，曾多次来咸水沽，主要为两件事：一是遴选汇集津南的书画作品，赴一衣带水的东瀛，进行巡回展出；二是他出生于津南高庄子村，离开多年，思乡情切，很想为家乡做点事。

他怎么会到咸水沽来呢？说来很巧。《天津日报》记者刘伟有天跟我们说，李平凡正在塘沽、大港、汉沽挑选版画，组织去日本展出。说者无意，我们这些文化馆的干部可就动心了。问明李先生住处，立马给他写了封信。没想到，很快接到回信，而且没过两天李先生还亲自来了！

李先生学养很高，温文尔雅，谦虚坦诚，很容易接近。知道他正在其他区筛选版画作品，也就大着胆子提出，您既然能帮别的区到日本办画展，能不能也让自己家乡的书画漂洋过海见见世面。说这些话时，我们的确耍了心眼，他要的是版画，我们故意绕开这个话题，强调乡情。他寻思片刻，说："好啊，我也正有此意。"一拍即合，就这么定了。

到北京送书画，感人场面至今历历在目。他的画室极小，只一间屋，还被书刊画册挤得满满。画幅稍大，他就将其摊于地上，蹲下反复观看、挑选。最后终于选出五十余幅，在日本几个城市巡回展出近三个月。这是津南区书画头回出国展出。

李平凡先生在扶桑有位后来成为挚友的学生久保茂。为报谢师恩，有次他在送别宴会上提出，要个人出资在中国建一座平凡画院。不料，1980年，久保患急病溘然长逝。但亲友没忘他的遗愿，发动了一个募集资金活动。李先生在给我的信中说了几件事，很令人感动。

有位82岁的孤寡贫穷的老太太，捐了三万日元。她说自己虽然贫苦，但愿意为中日艺术沟通，加深彼此理解、两国情谊，而进行捐款。还有位中国台湾的乡土版画家林智信，听到传闻，急忙赶来主动捐出1500美元，表现台湾同胞同宗同源的骨肉亲情，也倾吐了对祖国早日和平统一的热望。还有许多日本朋友，捐赠了自鲁迅先生倡导新兴版画运动六十余年来，中日文化交流活动的照片、出版物、影像资料、书信等。

1993年，平凡友好画院在咸水沽镇落成。时至今日，它仍然是津南区唯一一座专门用来举办展览的会所。

版画家李平凡

刘恩艳

津南是我的根，家乡淳朴的乡情培养了我最初的灵感和激情。任何时候，包括我在海外，我总是对家乡念念不忘。李平凡先生，已年逾古稀，但腰不弯、背不驼，身体健朗，精神矍铄。一副极普通的宽边眼镜，一身洗得发白的蓝装。如此平常的装束使人很难想象眼前的老人就是名震扶桑的著名版画家。他绝没有一丝名人大腕的盛气凌人。儒雅、亲切、朴素，这就是李先生给我的印象。

李平凡 1922 年出生于天津市津南区高庄子村的忠厚堂。忠厚堂是个封建世家，李平凡的童年是在旧社会度过的。当时，中国正是半封建半殖民地的社会，再加上天灾人祸，民不聊生，有钱人醉生梦死，统治者贪污腐化，劳动者过着饥寒交迫的生活。

后来,他受鲁迅先生倡导的新兴木刻运动的感召,决心投身版画运动,以木刻艺术为武器,希望劳动人民觉悟和斗争,得到生存的真正权利,改变旧社会。

母亲是人生的第一任老师。李平凡先生的成长也同他的母亲有着很大的关系。李先生的母亲生性善良,她经常教导年幼的平凡要为天下的穷人做好事。母亲强烈的同情心,身体力行的行为,以及耳提面命的谆谆教导,埋下了最终他与那个封建世家决裂的种子。

李平凡原名李文琨,他很讨厌这个带有富贵气息的名字。他同家庭决裂以后,为自己取名平凡。取名平凡,有两层意思,一是做平凡百姓的儿子。劳动人民虽然平凡,但却创造了社会财富,推动了社会发展。他愿意做平凡的劳动人民,为社会做出自己的贡献。二是做鲁迅先生的学生,他最崇拜的鲁迅先生的迅字,是同凡字联系在一起的。

在李平凡先生 60 年的艺术生涯中, 有 50 多年把主要精力用于中日版画交流,他以自己辛勤的劳动,在中日版画界筑起了友谊的桥梁。他的作品曾获莱比锡国际版画大赛银奖,日本中国版画交流特别贡献金奖。历年来出版了《平凡木刻版画》等四十余种中外文画册。韩国木版文化研究所所长金俊权先生称:他是一位培植版画的人。

李平凡与《东方藏书票》

朱晓剑

关于藏书票的话题，总是引起爱书人的兴趣。1999年，由著名老版画家李平凡和阿年策划创办的《东方藏书票》试刊，这是由中国香港东方艺术中心编印的一份藏书票杂志。其执行主编为著名藏书票设计师崔文川先生。杂志为十六开铜版纸彩印，制作精美，赏心悦目，试刊后风靡一时。

《东方藏书票》推出的书人书事，大都跟藏书票相关，国内的不少藏书票设计师如李平凡、白逸如、杨可扬等都有作品在此亮相。《东方藏书票》为季刊，在推动国内藏书票的发展中有着重要的作用。除了正常出刊之外，它还相继推出了“海外书票精选”“当代书票精选”“上海专刊”等专号，集中展示了藏书票的风采。

我知道《东方藏书票》是源于经常逛旧书摊，遇到了，买了几期。后来在网上认识了崔文川先生，才了解到这本刊物更多的信息。崔先生说过很多让人感动的事，比如："上海的老版画家杨可扬先生，尽管他岁数那么大，那么知名，但是他经常给我写信提携，并且送我书票作为支持。尽管我们的杂志还不是那么固定，但是每年可扬先生都寄杂志款过来，要订阅这本杂志。"

我国创作藏书票的有数千人，而收藏藏书票的人数大概要少得多。藏书票市场到底小众了些，因之杂志在中途也曾停刊。在停了一两年之后，继续推出新刊。在 2005 年出至第十七期时，再次停刊了。

孟恩远将军久传名

由国庆

说起津南海下古镇咸水沽一带的故事，也许让人“意想不到”的是清末民初此地出了一位将军，他就是赫赫闻名的孟恩远。清咸丰六年孟恩远出生在西泥沽村，自幼家贫，八岁时被过继给叔父，多年靠捕售小鱼小虾谋生，也缘此练就了亮嗓门、壮身板、好水性。及至成年，孟恩远做船工为人出力，到过塘沽、烟台、龙口、大连、营口等地，也算经风雨见世面了。

光绪元年以来，淮军将领周盛传率部移师天津小站。光绪十四年，三十岁出头的孟恩远加入盛军，后以自身的优势升任先锋队左营哨官。光绪二十年，孟恩远又加入长芦盐运使胡燏棻编练的定武军，次年末转入袁世凯主持操练的小站新建陆军。新军有《练兵歌》，别小瞧孟恩远识字不多，但背起歌词来却滚瓜烂熟，屡获褒奖。每次出操,长官常让孟恩远大声唱诵军歌,那洪亮的嗓音传遍整个操场,很能鼓舞军中士气。孟恩远得以晋升,任马队哨官。

袁世凯编练新军大获成功,也非常器重孟恩远的才干。孟恩远曾随袁世凯到山东、保定等地清剿义和团,连连立功。没出几年,被提拔为标统。

光绪二十七年,袁世凯就任直隶总督兼北洋大臣,后来被保送至北洋武备学堂深造。逢会操练兵,段祺瑞就指派孟恩远当值勤官。约于光绪三十一年,孟恩远成为直隶巡防队统领。当时正值日俄战争,孟恩远临危受命带骑兵镇守宁锦防线。战功显赫的他随后又被调任河南南阳镇总兵。

约光绪三十三年,孟恩远前往吉林新军营,任协统,听命于东北三省总督徐世昌。宣统三年前后,他接替曹锟任吉林新军镇统。孟恩远始终没离开袁世凯的关注,1914 年袁世凯任命他为镇安将军,监督管理吉林省军务。袁世凯离世后,黎元洪成为大总统,孟恩远改任吉林督军、巡抚兼管黑龙江军务。

自 1915 年至 1918 年,沙俄军兵不断骚扰我国黑龙江,孟恩远率兵一次次痛击侵略者。此一时,日军也在觊觎我国东三省,同样被孟恩远数次打得四处逃散。然同僚居心叵测,孟恩远遭到他人责难与排挤。虽然 1918 年孟恩远又被北洋政府授惠威将军,但实乃空衔,意思是让他进京。孟恩远拒不领受,且命部下反抗。1919 年 7 月奉系军阀张作霖勾结日军,为完成奉系对东北的“统领”而制造了“宽城子事件”，吉林因此受到夹击，迫使孟恩远就范。孟恩远于 1919 年 8 月回到天津生活。

孟恩远始终心系家乡，比如他在吉林时听说海下遭水灾，即刻函请地方官给百姓免租免税的照顾。隐居天津后他还创办了一所小学，并不断为家乡农田水利建设捐款。

孟恩远回津后寓居英租界剑桥道，宅邸建筑面积为 1500 平方米有余，洋楼为砖混结构，不乏英国古典主义建筑特色，两侧的对称塔楼也很漂亮。孟恩远在津还投资过面粉、棉纱等实业。1933 年，孟恩远在津去世。

孟恩远墓在西泥沽南一公里处，1935 年建。天津学人琛瑜于 2015 年初春到此进行探访，见有石碑与“大宝顶”，可惜碑文中的“孟”字已毁。

津沽名士陈梅庵

董山虎

陈梅庵，原名兆强，字雪山，号梅庵、子刚，1915年农历三月生于津南区咸水沽镇四里沽村，是享誉津门的书画家、教育家。20世纪30年代，陈梅庵先生创办四里沽陈氏私立小学，教书育人五十载，桃李满园，为家乡的教育事业、书画艺术发展做出了突出贡献。2002年，陈梅庵先生病逝，在他80多年的人生历程中发生了许多脍炙人口的故事和乐善好施的义举，至今仍让家乡人津津乐道、念念不忘。

办学报国

幼年的陈梅庵在父亲陈世钧的精心培养下，读书习字、非常刻苦勤奋。陈先生从5岁开始追随乡贤名士孙绍卿先生学习，在私塾里度过了整整14年的光阴。在此期间，陈先生苦读《三字经》《百家姓》《千字文》等启蒙读物，《论语》《大学》《诗经》等儒家经典。青年时期的陈梅庵虽满腹学识，但在当时列强入侵、军阀混战、民不聊生的年代却报效无门。“我的出路到底在哪里……”他陷入了苦苦的思索之中。

经过一段时间的深思熟虑，陈先生毅然决然地选择了“教育救国”的惠民之路，并作诗记之“能把文风兴珂里，漫将学业授薪传”。1934年，在冰消雪化、春寒料峭时节，19岁的陈梅庵先生在家兄陈兆彬的协助下，在自家宅院创办了四里沽陈氏私立小学，仅收取少量的粮食作为学费，招收农家子弟。对特别贫穷的家庭，陈先生甚至连那几斗粮食都予以减免，并绘制大量的书画作品参加义卖，所获得的钱款全部用于奖励和资助成绩优异、生活贫困的学生。在当时的四里沽村读书上进蔚然成风。

据陈梅庵先生的长子，原四里沽小学高级教师，现年80岁高龄的陈元泰老师回忆：在办学过程中，其父陈梅庵在继承优秀传统文化的同时，吸收“洋学堂”的经验进行新式教学，开设了历史、地理、音乐、体育等课程，达到学生全面发展、强身健体的目的。学校开办一年来，就名气大振，简直就是“隔着门缝吹喇叭——名声在外”了。

在学校创立的第二年，即1935年，梅庵先生经委派，参加了天津教育系统的私立小学教员培训。陈元泰老师介绍：“当年的培训地点在天津交通旅馆(现在的天津交通饭店大楼)。正是在这次培训中,他父亲认识了辛庄白塘口的丁绍卿、咸水沽头道沟的戴承泰二位乡贤。由于三人都酷爱书画、志趣相投,遂效仿刘关张‘桃园三结义’,结拜为异性兄弟,分别以‘岁寒三友——松竹梅’作自己的名号,这就是‘丁松庵’‘戴竹庵’‘陈梅庵’三兄弟名号的由来。在此后几十年的交往中,通过诗词唱和、切磋书画,不断增进了三人的情谊,谱写了津南‘岁寒三友’的一段佳话,被传为美谈。”

1948 年底,包括咸水沽在内的津南地区解放,陈梅庵先生二话不说便把学校交给了国家,并更名为“四里沽小学”。六十多年后的 2010 年,“四里沽小学”和咸水沽镇的另一所农村小学“王家场小学”合并,成立了如今的咸水沽第七小学。陈先生当年的义举,彰显了他淡泊名利的高风亮节。

钟情书画

受家学熏陶,陈梅庵先生自幼喜爱丹青书画。早年拜清末民初天津大书法家李学曾学习书法,后吸取欧、颜、柳等唐代书法的遒劲骨力,融合了宋代苏轼、黄庭坚,元朝赵孟頫书法开张自如的体势,同时兼学“二王”、米芾书法的洒脱俊逸,形成了自己刚健、素雅、畅达的风格。天津美院教授、美术评论家王振德先生曾高度评价陈先生的书法“宛若风樯阵马,沉着痛快”。

在绘画方面，陈梅庵先生则深得陈半丁精髓，擅长小写意，笔墨淡雅、意境清新。后与葛沽大庙住持乘航法师亦师亦友，切磋书画技艺，使之水平与日俱增。其诗书画融为一体，堪称诗中有画、画中有诗。家乡人都以能拥有陈先生的书画作品为豪。

今年 7 月的一天，我有幸在退休工人、现年 70 岁的韩永智先生家中目睹了一幅梅庵先生青年时期的扇面作品。这幅保存完好的扇面，一面是用小楷录写的《灵飞经》部分内容，落款为“善卿先生雅正，雪山”，那小楷字力透纸背、秀润飘逸、自然挺拔、笔势雄健，具有很深的功力。另一面是国画《八破图》以及陈先生的自作诗“东壁图书觅破残，丹青彩画笔尤难，陈篇反复凭颠[①]，更惹方家带笑看，年来弃剑学瑶琴，翰墨多情自赏心，绘破难酬同好客，题诗为识有知音。”落款为“时在榴月上浣，遇缺即补图于翠柳山房南窗下，以应善卿先生雅嘱，沽上陈雪山绘并题”。

韩永智先生说他在 90 年代，曾经拿着这幅扇面向梅庵先生求证作画的时间，陈先生只看了一眼就非常肯定地道出了创作的时间：1939 年。同时告诉韩永智：那一年陈先生正值 24 岁，是其父陈世钧老先生嘱托他为韩永智的父亲韩善卿作的。

据韩永智介绍：他的父亲韩善卿生于 1905 年，是一个买卖人，28 岁时就做了咸水沽“张成号”杂货铺的掌柜，34 岁时到坐落于天津北大关竹竿巷的“同生源”当掌柜，与陈先生的父亲陈老先生是好朋友。那时候，陈梅庵先生已是沽上书画界的翘楚。

① 原作为书法作品，有漏字。

于是，就通过陈老先生的关系求得这幅扇面作品，才有了“以应善卿先生雅嘱”的说法。

这幅完好保存近八十年的扇面作品足以显示出陈梅庵先生“诗书画”合璧的高超水平。许多行家里手看到这幅作品，都叹为观止。

陈先生作为津南书画艺术的奠基人之一，书法日课贯穿了其一生，尤其在教育岗位上退下来后，每天坚持习字不辍。

先生的孙女陈慧琴女士曾为我口述了一段她小时候看爷爷研习书画的情景：“大概在我五六岁时，爷爷刚退休不久，他每天干得最多的一件事就是写字画画，我的任务就是在爷爷写字时为他抻纸，将完成的作品拿出去晾晒。由于每天爷爷要写很多字，时间一长笔洗里清亮亮的水就变成了黑漆漆的‘墨水’，后来爷爷直接蘸这‘墨水’在旧报纸上练字，爷爷每天都在不停地写啊写。在看爷爷习字的过程中，通过长期的耳濡目染，我学会了许多唐诗宋词，至今让我难以忘怀。”

鉴于陈梅庵先生在书画艺术上取得的成就，在先生去世后，天津市书法家协会献上了“津南桃李满天下，丹青翰墨在人间”的挽联，向这位德高望重的老艺术家表示崇高的敬意。

为乡亲诊病

陈梅庵先生一生多才多艺，对祖国博大精深的中医药学也颇有研究。

陈元泰老师亲口告诉笔者："其父梅庵先生在年轻时就苦读中医药学方面的书籍。他博闻强记,《药性赋》能倒背如流,对许多中草药的性质了如指掌。尤其精于疑难杂症的治疗，常有乡亲、朋友向我父亲求方问药,经过父亲的双手治愈过不少疑难杂症,且分文不取。今年79岁的咸水沽镇李庄子村村民李老爷子就是被我父亲治好的患者中的一位。20世纪70年代,李老爷子担任李庄子大队党支部书记,一次他偶感风寒,打针吃药,在医院里治了十几天仍高烧不退,最后也没检查出病因。通过别人找到我父亲,父亲经过一番望闻问切,开了药方,在连续服用四十多服汤药后,李老爷子的病就已痊愈。如今,李老爷子在街上一遇见我,就会提起当年看病的事,感激之情溢于言表。

陈梅庵先生精通中医药学,经常为家乡父老免费治病,被誉为"儒医"。陈先生退休之后,还曾被咸水沽医院返聘,管理医院的中药库。

“海下人”眷顾李鹤年

刘虎臣

从咸水沽沿海河往下，俗称“海下”，人也自诩“海下人”。海下人淳朴、善良、心肠热，以助人为乐事。

解放战争时期，南开大学毕业的李鹤年，受党的派遣，打入国民党内部做地工；天津解放，他的单线领导出意外，查找不到，致使他无法证实自己的真实身份，一度被打成“反革命”，跌入人生最低谷。

1958年，下放来到南郊（现津南）区咸水沽，做业校教员，受到海下人的眷顾。

李鹤年是书法名家吴玉如的大弟子，不仅金石、甲骨、古文字造诣极深，而且书法好、口才佳，在临街教室讲课，路人争相拥挤门外倾听。很快，名声传遍咸水沽。

世事无常。一天,公安部忽派员来外调,见他头句话就是:"你同级人物多被严惩……"由于他的档案还归市里控制,他的情况大家一无所知,公安部的人捅破了窗户纸,大家才警觉,原来埋了个"地雷"。幸亏校领导警告及时又严厉,外调情况没遭外泄,李鹤年在学员中的威望未受影响。

1963年,经区领导批准,李鹤年搞了一场"毛主席诗词讲座"。他下功夫做了准备,讲起来旁征博引,神采飞扬,感情浓烈,深入浅出,三百多人的会场,不时爆出热烈的掌声。对这次讲座,区领导给予充分肯定。夜静无人时,李鹤年无声饮泣,涕泗横流。

李鹤年万没想到,灾难已悄悄向他逼近。"文革"开始,他被打翻在地,挂上"历史反革命"的牌子游街示众,而后押赴煤厂劳动改造。他一介书生,哪干过这么重的体力活儿,整日腰酸背痛腿肚子抽筋,简直痛不欲生。但他不想死也不能死,尽管此前他已写过无数申述信,没得到回音。但他必须活下去,活着才有希望。

他忍受着,日复一日地干活、被批斗……夜阑人静,他拖着疲惫的身心,回到煤厂的斗室,门前不时有脚步声响起。他心头不禁一热——这是跟他搭伴干活的赵清廉在为他巡夜!人家每夜都这样,怕他想不开寻短见。多可亲可敬的人啊!

还有那位买煤的陌生老人,诳称自己会算卦,把他拉到一边,悄悄说七十岁后,你还会走红运!尽管风雨如晦,人民仍坚信未来一定会美好!这是何等的胆识,李鹤年被深深感动了。老人的预言没落空！

1983年4月1日，李鹤年手捧一份文件，泪流满面。文件上盖有天津市公安局的鲜红印章，内容是："……李鹤年同志的历史问题，由于种种原因（主要由组织负责），解放初期被戴上'反革命分子'的帽子予以管制，虽不久就撤销，但未公开平反，十年浩劫又蒙受冤枉……凡因地工而产生的一切不实之词均应推倒。历史上不一致的提法均应以本结论为准……"

自此李鹤年走出煤厂，开始了新征程。他被聘为天津文史馆干部、南开大学兼职教授，身兼教育委员会委员、市书法家协会副主席等多种职务，焕发了新的青春。

任务重了、名声大了，但他不会忘记海下的乡亲们。他在算卦的老人墓前洒酒祭奠，节日里几次看望与他搭伙干活的赵清廉。他难以忘记那些沉重的日子，和那些温暖的人。

咸水沽忆旧

王紫苓 口述 刘万江 整理

我是一名耄耋之年的京剧老演员，幼小时就经常到咸水沽古镇演出。那里民风淳朴，文化底蕴深厚，父老乡亲善良真诚，古道热肠。至今，几十年前咸水沽的景况，依然经常在我脑海中如电影般回放。

20世纪40年代，我十几岁的时候，就到咸水沽演出了。那时交通不便，我们顺着海河坐船去，大人们在船舱里聊天儿，我就特别喜欢坐在船帮上看沿途的风景。两岸茅草屋、垂柳、工厂、农田，路上来来往往的人群，售货的小贩，在海河边洗衣服的农妇，像一幅幅农家画卷，徐徐展现在我面前，越往海河下游走，越有农家风味，景致怡人。

我们演出住在咸水沽农户家中，记忆中，那里不是特别穷的农村，而是较为富裕的鱼米之乡，乡亲们的院子很大，院里还有晒谷场。老乡们爱看戏，他们越是爱看，我们演员越是“人来疯”，演得越好。散戏后，父老乡亲们和我聊戏、聊家长里短。我住的这户人家对我特别关照，给我焖大米饭，晚上还用提灯从稻田捉来肥大的螃蟹，从中间剁成两半儿，给我炒白菜吃，特别鲜。

那时没有自来水，乡亲们吃喝的水，都是从河汊子里挑来的。当时天津地区用的是黄河水，很混浊。乡亲们家里都放两口水缸，挑满水后，要放入白矾，用大棍子转着圈搅动，沉淀一两天后，才能饮用。一缸水喝到三分之二左右就不能再喝了，要将沉淀下来的泥沙倒掉，开始喝另一缸中已沉淀好的水，家家都是如此。看到他们喝水这么麻烦，我们都不敢多喝、多用，可是主人很热情，总是说：“没事儿，没事儿，你们随便用，我们挑水不费劲儿！”

那会儿没有公家指派，乡亲们没有招待我这个小演员的“硬性任务”，而且我不过是个小学徒，再说，那个年代戏曲演员没有社会地位，是“臭唱戏的”，可是质朴的咸水沽乡亲没有小瞧我，他们喜欢我这个人，爱看我的戏，对我特别热情，平等相待，至今回想起来，心里依然热乎乎。还有一次去演出，当地乡亲给我们留了几棵桃树，结的是最熟、最饱满的桃子，我们结束演出，摘了带回家里吃。

再后来，生活条件改善了，我们去演出，坐的大木船换成了小火轮，饮用的水也变成了自来水，方便了许多。

陈其昌和他的子孙们

周淑云

在咸水沽以东两公里处有一个文明古朴的小村庄，老海河从村前流过。那里曾经桅杆林立，水路畅通，是个人杰地灵、名人辈出的地方。清朝的廉政清官陈其昌就出生在此地。

陈其昌嘉庆二年（1797）出生在四里沽一个书香门第家庭里，自幼酷爱读书，勤奋学习。虽然十四五岁就相继失去了父母双亲，家境贫寒，但仍然刻苦读书，严于律己，十六岁便考取秀才。道光二年(1822)中举人，从道光十五年(1835)先后出任过广东历权、阳春、新宁等县的知县，两次调任知州。

陈其昌去广东上任途中时值盛夏中午，烈日当头，一行人汗流浃背饥渴难耐，经过一个小渔村时便停下来歇息，忽然看见一老渔夫手里提着个大海龟路过，老者边哭边走边乞求路人买下他手中的海龟,称家人等着拿钱救命。陈其昌吩咐随从去买下渔夫手中海龟,要多少钱都别和渔夫还价。成交后老渔夫接过银两感动地流下热泪,谢过他们后匆匆离去。陈其昌等人带着重金买下的海龟继续赶路。途经海边时便把大海龟的绳子解开,将它放回大海。这时他惊奇地发现大海龟趴在沙滩上,伸长了脖子一动不动地望着大海,两串细细的泪珠滚落在沙滩上。

十几年以后陈其昌调任新宁(现在的台山市)的路上,他们坐着大船在茫茫大海上一走就是十多天。一天下午,大船停靠在码头上添加补给,见天色已晚,船主决定天亮后再开船,让船工们安心睡宿好觉。

夜深了,陈其昌在睡梦里突然听有人让他们快走,睁眼一看,船舱里的人都在酣睡并没人叫他。他翻过身接着睡,梦中又听见有人让他赶紧离开此地。他慌忙起身走到了甲板上,四周一片漆黑,海面上风平浪静,人们都在睡梦中。不会出什么事吧,他心里这样想着又回到船舱,坐在床边眯起双眼回想着这奇怪的梦。正在迷迷糊糊似睡非睡之际,再次有人让他赶快离开此地,他猛地睁开双眼赶紧叫醒随从一同找到船主要求马上开船。谁知好说歹说船主死活不肯。实在没有办法,陈其昌只能添加双倍船钱,船主才勉强答应立马开船。

两个时辰后天色渐渐放亮,他们曾经停靠的地方乌云密布,狂风卷着巨浪……好在时间不算太长,海面上又渐渐恢复了平静,船上的人都保住了性命。这时候陈其昌和他的随从们才想起,应该是十几年前放生的大海龟一而再再而三地叫醒他,让他们赶快驶离险境。船家知情后跪地磕头千恩万谢,还退还了提前多付的船钱。

从此以后陈其昌便让家人供起了大海龟,起名圆爷。并且祖辈相传一直到“文革”扫除四旧时,他的第五代孙媳妇才在一个夜晚悄悄送圆爷的牌位升天。

陈其昌一生为官清廉生活俭朴,执法严明,深得同僚的赞许和百姓的爱戴。终因操劳过度,积劳成疾,于1855年病逝调任途中。他去世时囊中羞涩,灵柩甚至无法运回家乡安葬。他育有五个儿子,个个都十分优秀。

他的长子陈凤楼,字芸眉,又名陈光弟,嘉庆二十一年(1816)出生在四里沽。此人是个文武全才,虽然生在官宦家庭,却从不小瞧别人,也不轻易评判他人之过,与人为善、乐善好施。经常接济有难同族,帮助乡邻排忧解难。于同治六年(1867)恩赐贡生候选直隶州州判,为官兢兢业业。陈凤楼生有四个儿子,个个才华横溢,人品出众。

陈凤楼的长子陈世镛,字欣山,道光十七年(1837)出生,自幼天资聪明才智过人。辛酉年中举,曾经先后在家乡和宁河教书,出任过獲鹿县教。1900年任蓟州学正。时逢八国联军入侵中国,很多名胜古迹惨遭毁灭,陈世镛充分发挥自己的聪明才智,全力保护蓟州书院文庙免遭破坏。著有《笙咏集》一书留给后人。

陈凤楼的次子陈世锐,字鑑泉,生于道光二十二年(1842)。

从小过继给陈凤楼的三弟陈光裕。陈世锐自幼聪明好学,同治甲子年考取举人。出任高阳教谕以后举家迁至高阳县居住。在我小时候常听外婆讲起,陈世锐百年后棺木运回家乡时,陈氏族人全部站立村头,迎接这位移居他乡光宗耀祖的亲人回家。

不少人认为祖孙三代为官一定家产丰厚,陪葬的瓷器、古董也不会少。其实不然,**1974** 年秋冬,政府号召铲平坟茔时,两袖清风三代为官的陈其昌和他子孙的棺木中,除了随葬的铜钱之外只有一把锈迹斑斑、古代武官随身佩戴的短刀。好奇的后人们反复查找,其他什么值钱的东西也没发现。可见他们这官当的是何等清廉。他们用自己的俸禄资助贫民、接济乡邻,唯独没给自己子孙留下家产,只留下清官、廉政的美名流传至今。

第四部分

红楼大家

可奈无金收秘稿
——周汝昌与庚辰本失之交臂

周伦玲

“红学界”人士尽知周汝昌曾向胡适借阅珍藏《脂砚斋重评石头记》(甲戌本)并抄录了一个副本,却不晓他有一段与庚辰本(徐星署藏本)失之交臂的故事。

1948 年 7 月 11 日,周汝昌给胡适写信,谈对甲戌本的感想,说“甲戌本”确实是一个宝物,虽仅有十六回,但要比八十回“徐藏本”价值为高,并提出自己要以“尊藏脂评十六回本、徐藏脂评八十回本、有正刊行戚蓼生本”为主干做“集本校勘”,希望胡适“指导我,赞助我,提携我”。徐藏本,即徐星署藏《脂砚斋重评石头记》,现称为“庚辰本”。周汝昌只看过胡适的长跋,因此对这个本子也很期待:“徐星署先生之八十回本,现无恙否?如果将来我要集勘时,先生能替我借用吗?”

胡适在回信中写道:“我对于你最近的提议——‘集本校勘’——认为是最重要而应该做的。但这是笨重的工作,故二十多年来无人敢做。你若肯做此事, 我可以给你一切可能的便利与援助。”并允诺可以把有正书局大字本借给他。对于徐本,胡适的回答是:“可惜徐星署的八十回本,现已不知下落了。徐君是王克敏的亲戚,当年也是王克敏转借给我的。听说,有一部八十回本在一两年前曾向藏书家兜售,现不知流入谁家。将来或可以出现。”

听说此事,周汝昌十分惋惜:“徐本迷失下落,真是可惜! 先生既知一二年前兜售之事,为何当时不加注意而任其流转呢?此本亦归先生,不亦正应该吗!果尔,此时我要集校,则脂本,徐本,戚大字本(我未见),程甲乙本,皆出自先生一人所藏,诚盛事佳话也!”但周汝昌还是寄希望于胡适,他说:“依我想,此徐本难出北京城去,藏书有名者,当亦屈指可数。务希先生设法辗转一求此本之下落,谅未必不能发现也。翘企翘企!”

接着, 从胡适那里得来消息:“吴晓铃先生说, 徐藏八十回本,听说索价奇高! 我们此时不可太捧此本了。”

暑假结束,周汝昌携甲戌本及录副本返回燕大已是9月份。没过几天即逢中秋佳节。那日,周汝昌的好友、老同窗孙正刚特召晚饭。席间,有一吴君先是提起周汝昌发表在《天津民国日报》上的《曹雪芹生卒年之新推定》,颇为称道,以为周汝昌乃燕大教授,见面方知仍是学生,不免大噱。闲聊中,吴君提到前时有一稿本《红楼梦》正向张伯驹兜售，据此本之批可以知道曹雪芹身世。胡适就劝张伯驹收之，并说："你买了，我给你作篇跋！"张伯驹云："我花钱，他作跋！"意不欲当傻瓜也。众人听罢呵呵一笑。吴君又说："此本去年索价一亿，约合一百美金，今不知若干。"吴君知道周汝昌对《红楼梦》兴趣正浓，就说："你如买，我可去找他商量。"

周汝昌想到吴晓铃说的"徐藏八十回本，听说索价奇高"，心中便十分确定此即是徐本，大喜过望。但一想到"索价奇高"，自己又从哪里能变出这笔巨款？周汝昌打算先询询价，且过屠门大嚼之乐。他立刻把这个消息写信告诉在咸水沽老家的四哥周祜昌。他并没有只报喜不报忧，分析了自己和四哥家中的"经济老底"：四哥凭借在浙江兴业银行的工作拥有一辆英国自行车和一架德国照相机，而自己呢，一个靠助学金的大三穷学生，妻子手中只剩一枚从娘家带来的四钱重的金戒，且明言不舍再变卖而留作唯一体己……再就是还有一箱破帖。周汝昌心里明白，纵使忍痛把这些都变卖出去，也搭不上一个零头，而此本一失却永无再得之望了。

现实与梦想，就是这样无情地碰撞。周汝昌终于与徐本失之交臂。但当时周汝昌并没有心甘，他给张伯驹又写去一信，恳请拜托寻访徐本下落。

11月，周汝昌收到张伯驹一函，信中说："原卷十七八年前购自琉璃画古斋，何人收藏不详……"最可注意者数语曰："红楼梦稿本闻在徐家,前由宝古斋持来以议价,未妥,又复持去,现仍托其寻找中,如仍在徐氏家则可能收得,容再催促。能否取来,再当奉告。”

直到1949年初,周汝昌方从陶洙先生处借得庚辰本八册“照相本”。1949年春,周汝昌、张伯驹等努力探寻的庚辰本《石头记》终归燕大图书馆,周汝昌遂写下《真本石头记之脂砚斋评》,刊载于1949年12月《燕京学报》第37期。这篇文章点醒了现存的真本《石头记》有三:即“甲戌抄阅再评本”“庚辰秋定本”和“有正戚序本”。

今甲戌本已被上海博物馆收藏,庚辰本也归于北京大学图书馆,唯胡适当年惠借给周汝昌被其用作底本核校庚辰本的两大函二十册的有正书局石印大字戚序本,在周祜昌咸水沽家中遭“抄”时被掠走,至今不知踪影。我们仍然期盼,让它复现于世,为公众所共有。

周汝昌题《郑板桥全集》

周伦玲

《与郑板桥结缘》是父亲于2005年写下的书法故事之一。

文中提到爷爷那部一函四册、木雕版的《郑板桥全集》,我无缘见到,然而我见到了父亲自存的世界书局发行的一册《郑板桥全集》,翻弄得有些破旧了。翻开首页,就见到满满的父亲的题记:

“此册已不记何年月日所购。幼时常于抚槐老人案头翻弄此书,盖粉纸印本也。老人为人作条幅往往书板桥句,犹历历在眼。余亦尝学临道情,颇得其笔致,意甚爱之。其时盖十许岁,殊不能知板桥之超绝,今老大,每读益觉其诗文深可宝贵,会当有以董理之。另有中华新编铅印本,颇搜遗句,然亦未尽也。甲辰七月十一日,夜深卧床偶记数语。解味道人。此日购得红楼花梨细雕灯一只,喜甚,附识。"

这是父亲1964年的题识。抚槐老人即我的爷爷周景颐,此其别号。爷爷是光绪年间的一位秀才,他有一册《郑克柔板桥道人墨迹》,木版封夹上还有爷爷的题签墨迹,父亲一直保留在身边,直至2013年,我们子女向恭王府捐献父亲书物时才翻看到。首页也有父亲的一篇题记,那是1943年记下的:

"板桥书画所见为不少类属赝本,家有旧藏数帧,亦率系伪作之物,唯此册致青雷一札点画曼妙,无乖钟王之法而行间篆分偶然杂生,遂愈见古趣盎溢,不同寻常。所见当是真迹也。盖作伪者一味漫仿其怪状,矫作其丑态,而中间又不无一二字脱离板桥面目,突显其庸俗者,识者一望而知,固不待考其纸墨图章而后定真伪耳。青雷朱文震,字朱,又号去羡,济南人,官至詹事府主簿,肆力花鸟山水,尤精篆,系札中极力推挹,盖有由矣。首尾有努力加餐饭,此境此时此意痴人多梦,怕你不雕虫,篆刻断管残篇,难得糊涂。五印皆不经见者,笔力朴古并可宝也。"

从这则题记可知,父亲对书法已经有了研究,且对郑板桥门人朱青雷有了一定的注意与了解,也做过考证,其时父亲尚二十五岁,他绝未料到这位朱青雷竟与日后自己研究《红楼梦》有了联系。

后来,父亲又购得一部旧扫叶山房石印《郑板桥全集》,蓝布套,一函四册,父亲依旧落笔题记:

余已有两不同本,今复取此何耶?盖幼时寒家无书,仅有之一函即板桥集也,其印象之深可想。旧物殆即此种粉纸石印者,亦不能保,故取是聊存遗想,非报纸本所能代也。既得是函乃获与世界书局之石印本对看,颇有异同,因悟两本所据之底本殆皆非原刻,原刻必已极难得,此种当时翻刻之较佳者,尚足以窥见典型,兹后并此亦不易多有也。尤有进者,板桥诗于吾考芹之业亦有用处,故必收一可读之本,此意则更非他人所能知者矣。甲辰十月初十日,解味道人自记于野芹轩。

周汝昌与天津教席

孙玉蓉

1951年秋，周汝昌在燕京大学中文系研究院攻读研究生期间，接到成都华西大学邀请，聘他任外文系讲师。1952年5月1日，他走马上任。同年秋，全国高校院系调整，他被调入四川大学外文系。他在华大、川大任教期间，独创了启发式教学法，充分调动学生独立思考、用心钻研的积极性，深受学生欢迎。1953年秋，红学专著《红楼梦新证》问世后，他在校内外、国内外更是名声大振。后来，川大外文系的领导派周汝昌去哈尔滨学俄语。对此重任，双耳接近失聪的周汝昌实难胜任，再加上他是北方人，对南方生活水土不服，这一切都强化了他北返的决心。

与此同时，周汝昌的《红楼梦新证》得到了人民文学出版社古典部负责人聂绀弩的赏识，千方百计邀他回京工作。周汝昌说:“我当然愿意进京。川大不放行，冯雪峰社长请中宣部下调令,几经力争,方得如愿。”1954年春夏之交,他回到阔别两年的北京,成为人民文学出版社古典文学部的编辑。

周汝昌在川大时的境遇以及拟调回北方的想法，都曾与业师顾随书信倾谈过。他的“抑郁不平之气”在1953年上半年的书信中就已“流露于字里行间”。北京是他的首选,可是,顾随却希望他能来津任教,并积极为他联系天津师范学院(1958年建院,1960年改为河北大学,1970年迁到保定)和南开大学的教职。师院中文系主任王振华的爱人是南大中文系主任李何林,于是,夫妇俩一同为周汝昌来津而努力。1953年暑间,李何林就曾致信川大,商调周汝昌来津任教,未得应允。后来,周汝昌听到了拟调他回京的消息,心里有了底数。同年11月24日,顾随函询:“大驾北返事有何进展？此时殊不愿强玉言（周汝昌的字——引者注)来津矣。赴京专心著述,于玉言身体性情俱合适,报国为民之日正长也。”

对于周汝昌,京、津两地都与他有缘。就在他举棋难定之时,顾随于1953年岁末,再次为师院、南大说项,曰:“此间王主任及南大李主任决意请玉言明夏北检,千祈勿拒。在马场道,在八里台,请兄自定。”周汝昌不相信自己会有如此的魅力,他认为师院、南大的盛情邀请,都是身为师院教授的顾随师所为。顾随立即回信鼓励,打消他的顾虑。顾随的高足、师院教师杨敏如还提出了当编辑与任教两不误的高见，即师院与人民文学出版社合聘周汝昌北返。由此可见师院的求贤若渴。至 **1954** 年 **3** 月，顾随仍在为师院力请不舍，并函请周汝昌“速速作复说明意向”。最终，周汝昌选择了回京工作，师院的邀请暂告一段落。

顾随对周汝昌未能回津任教似有不甘，两年后的暑假前夕，他又在信中谈及聘周来津之事。一是南大英语系停顿一年后将恢复，教授出缺；一是师院俄文系将扩大为西语系，英法文诸课皆将添聘教授，希望周能来。但又明知人民文学出版社“亦决不肯放行耳”。后此事无果，亦在意中。

从通信中，顾随得知周汝昌在出版社并不顺心，自从“调到这个社，就一直走背运，遭白眼，受冷遇”(周汝昌语)，所以，一直想调他来天津。**1959** 年底，顾随再次函告，天津师范大学(即前文提到的师院)教师人手缺乏，系主任有意邀他前来任教，并问他：“能脱离出版社否？此是最大前提，此一关如过不去，其余俱无从说起矣。”这一次，周汝昌明确表示了回津的意愿。**1960** 年 **1** 月 **7** 日，顾随复信表示“极为欢迎”，“惟按现下手续办事，须此间党组织与人事科与出版社组织与人事科联系，始能定局，个人意愿与私人交谊只起得辅导作用而已”。他请周汝昌“且少安毋躁”。待周汝昌来津事得到师大党政领导同意后，顾随与高荫甫主任反而犹豫了。因为周汝昌此时身体欠佳，来此教书，他能胜任愉快，惟此间各种会议偏多，对他的病体极为不利。经过多次函商后，遵照周汝昌之意，来津之事“暂缓进行”。

1960 年秋，顾随在津病逝。他多年的努力未能如愿，而周汝昌与津门教席也最终失之交臂。但是，他为调周汝昌来津之事锲而不舍、不厌其烦，表现出爱惜人才的学者襟怀。晚年，周汝昌在自传中追忆，顾随师“百计想调我到津，与他合作一桩胜业（虽未明言，料是研著一部中国诗论大系的巨制）”，“此愿未酬，先生长往矣”。言语中也充满了遗憾。

“红楼竟亲历”

宋文彬

今年是红学大师周汝昌先生百年诞辰，周先生是从津南古镇咸水沽走出的著名学者。他在燕京大学读书时，曾问业于顾随先生，与叶嘉莹先生是同门。

叶先生于1948年离开大陆，她和周先生第一次见面是在1978年。当年，两人同时参加在美国召开的国际《红楼梦》研究会议，周先生对她说，自己也曾从顾随先生受业。会后，周先生曾给叶先生写过一封长信，信中讲述了从顾先生受业的经过。1980年，周先生将其新著《恭王府考》赠给叶先生，书的后面附有一张恭王府附近的地图。恭王府附近是叶先生当年的旧游之地，引发了身在异国的叶先生的无限感慨，遂写下《五律三章奉酬周汝昌先生》。

第一首诗为："飘泊吾将老，天涯久寂寥。诵君新著好，令我客魂销。展卷追尘迹，披图认石桥。昔游真似梦，历历复迢迢。"写作是诗时，叶先生已经五十余岁，离开大陆多年，远在北美，所以首联说"飘泊吾将老，天涯久寂寥"。

第二首诗为："长忆读书处，朱门旧邸存。天香题小院，多福榜高轩。慷慨歌燕市，沦亡有泪痕。平生哀乐事，今日与谁论。"叶先生当年所就读的辅仁大学，实行男女分校，女生的校舍在恭王府。首联"长忆读书处，朱门旧邸存"是说，叶先生一直记得她当年读书的地方，恭王府府邸的大红门和两侧的石狮子，令她记忆犹新。颔联是说，叶先生记得恭王府内有一个生长着很多竹子的小院，院门上的横额有"天香庭院"的题字。她还记得在图书馆馆门的上方有一块横匾，题写着"多福轩"三个大字。叶先生读书时，正是北平沦陷的时期，她从 **1941** 年入学到 **1945** 年毕业，当时生活在沦陷区的青年学生心中都激昂慷慨，要抗日救亡，所以颈联说"慷慨歌燕市，沦亡有泪痕"。尾联"平生哀乐事，今日与谁论"是说，叶先生平生的悲哀、快乐以及少年的往事，有几个人和她有共同的经历，有共同的感受？当年，叶先生漂泊在海外，没有一个人可以倾诉。

第三首诗为："四十年前地，嬉游遍曲栏。春看花万朵，诗咏竹千竿。所考如堪信，斯园即大观。红楼竟亲历，百感益无端。"叶先生考入辅仁大学是在 **1941** 年，写作是诗时已是 **1980** 年，所以首联说"四十年前地"，当年，叶先生和女同学们课后可以在多福轩前看藤萝花，还可以到天香庭院看竹子，天香庭院有很多栏杆，女生宿舍的瞻霁楼下、走廊上也都有栏杆，所以说“嬉游遍曲栏”。每到春天，藤萝花、海棠花等很多花都开放了，天香庭院的竹子则是四季常青，所以颔联说“春看花万朵，诗咏竹千竿”。当叶先生看到周先生的《恭王府考》时，把这些往事记忆都唤回来了。颈联“所考如堪信，斯园即大观”是说，假如周先生的考证果然可信，那么她当年读书的恭王府的旧址，就是《红楼梦》中大观园的蓝本，她当时岂不是亲自走进了《红楼梦》之中的大观园了吗？那么叶先生的感慨就不仅仅是其个人的今昔之感，也就有了《红楼梦》之中将真作幻、以幻作真的今古盛衰之感，真的是“红楼竟亲历，百感益无端”。

周汝昌先生对这三首五律十分欣赏，其年近九十之时，在给叶先生的信中仍称，对这三首诗“长吟诵不去口”。

周汝昌先生谈古典诗词

王焕墉

不久前,我们一行故人专程赴京拜谒红学家周汝昌先生,向周老请教古典诗词问题。

先生今年[①]已93岁高龄,依然思维敏捷。寒暄过后,转入正题,“我有些问题要当面向您请益。第一,初学诗词要学谁?读哪些书籍?如何提高?第二,古典诗词的格律能否突破?最后一个问题,古典诗的用韵能否放宽?用词韵是否可以?”

对第一个问题,周老没有正面作答。他说:中国的文学研究不像西方,形成庞大的系统,尤为重视理论研究,喜欢探寻共性的规律。中国的文学研究,不太注重系统性、理论性研究,古典诗

① 指2010年。

词尤其如此，往往是在诗话、词话中闪耀思想的火花。中国古代诗话、词话是我国诗歌批评史中一个重要的组成部分。论其渊源，当自南朝齐、梁时期钟嵘所著《诗品》，然而明确以“诗话”冠名者当数北宋欧阳修。他的《六一诗话》可以看作是诗话体制的最早著作。“诗话”“词话”形式短小却言简意赅，看似茶余饭后的闲谈，不甚经意，实则蕴含了深刻丰厚的思想。

言及于此，周老颇多遗憾，中国历代的诗话、词话数量浩繁，应该有组织地下力气挖掘、整理，可以出不少成果。这无疑将对弘扬我国古典文学艺术大有裨益，而且对繁荣社会主义文化也大有益处 。但这是一项浩繁的系统工程，目前恐无力顾及。

随之，周老指出：在学习古典诗词时，初学者经常感到困惑的是有不少很难理解、又很难讲的词，如“春寒料峭”中的“料峭”一词，怎么讲？再如：迷茫、迷离、恍惚都怎么讲，怎么理解？如果出版一部《中国艺术美学大词典》就好了。

关于诗词的韵律问题，周老说，诗、词是我国历史悠久的传统的音乐文学样式。诗词的音乐性都存在诗词的格律中。因此古典诗词不能没有格律。你说的将诗韵放宽，很好。现在年轻人掌握不好官韵。官韵就是平水韵。这个韵过去是科举时用的。现在年轻人作诗可以把诗韵放宽。这样可以避免伤他们的积极性，以后慢慢再用平水韵也不迟。

仙风诗骨应难老，笑语真情共一楼。此次会面令我们获益匪浅。我想古典文学尤其是诗词，在它们的外边有一道围墙，想突破它走入这个领域，确实不太容易。相反，具有一定功力的人想突破它从中走出来，也的确不容易。因为习惯了这些框框，不那样似乎就不成为这种文学样式了。周老是著名学者，居然能突破传统的东西，这种精神难能可贵，给后学树立了榜样。

胡适删去的一段话

林建刚

考古学家李济在追忆胡适时，曾讲过一个胡适为他人着想的小故事。当年,李济和胡适一起去武汉大学演讲,被安排住在一起。在那里,李济天天洗澡,但胡适有时不去洗。“一天讲演下来已经很累了,为什么不洗个澡舒服一点儿呢?”李济忍不住问胡适。胡适说:“我有一个习惯,洗好了澡,一定要把洗澡盆洗干净。”言外之意,因为太累,胡适不想洗澡盆了,于是也就不洗澡了。

虽然大学的招待人员会把澡盆擦干净，但胡适宁愿不洗澡也不轻易役人,不给别人添麻烦。

其实,胡适一向喜欢为别人着想,体贴入微。1959 年 4 月 29 日，胡适晚年的秘书胡颂平写道:“一位香港的朋友托人带来一本钱锺书的《宋诗选注》给先生。先生对胡颂平说:‘钱锺书是个年轻有天才的人，我没见过他。你知道他吗……听说要清算他了。’”

对此，钱锺书的夫人杨绛回忆说：

据唐德刚记胡适评钱锺书的《宋诗选注》时，胡适说，“我没见过他”，这很可能是“贵人善忘”。但是他同时又说，“大陆上正在‘清算’他”，凭这句话，我倒怀疑胡适并未忘记。他自己隔岸挨骂，可以不理会。但身处大陆而遭“清算”，照他和我们“吃tea”那晚的理解，是很严重的事。他说“我没见过他”，我怀疑是故意的。其实，我们虽然挨批挨斗，却从未挨过“清算”。

（杨绛《怀念陈衡哲》）

杨绛这段回忆，有一个小错误。胡适说没有见过钱锺书，并非是唐德刚记的，而是胡颂平，杨绛这里未免张冠李戴。不过，杨绛对胡适为何说没见过钱锺书的解释，倒是非常符合情理。

胡适显然见过钱锺书。之前，在合众图书馆，经馆长顾廷龙的介绍，钱锺书与胡适就已相识，当时胡适还用墨笔在一小方纸上写了首诗送给钱锺书。之后，应陈衡哲之邀，钱锺书夫妇与胡适在陈衡哲上海家中曾一起“吃tea”。

然而，当年，胡适被举国批判，但凡与胡适沾亲带故的人，都有过苦闷的心路历程。胡适故意说自己不认识钱锺书，显然是为了保护他，使其不受“清算胡适运动”的波及。

无独有偶，周汝昌与胡适的交往，也曾有过类似经历。胡适晚年的时候，曾跟高阳就《红楼梦》问题有过学术交流。1960年

11月19日,在给高阳的信中,胡适写道:"关于周汝昌,我要替他说一句话。他是我在大陆上最后收到的一个'徒弟'——他的书绝不是'清算胡适思想的工具'。他在形式上不能不写几句骂我的话,但在他的《新证》里有许多向我道谢的话,别人看不出来,我看了当然明白……汝昌的书,有很多可批评的地方,但他的功力真可佩服。可以算是我的一个好徒弟。"

收到胡适此信之后,高阳打算将此信在中国台湾发表,为此特征求胡适的意见。胡适同意了,不过却很体贴地删除了这一段对周汝昌大肆表扬的话。缘何如此呢?胡适很明白,他这一段表扬周汝昌的话,一旦传到大陆,会对周汝昌造成什么样的严重后果。将这段话删去,与说不认识钱锺书一样,都是从对方的处境考虑。

说不认识钱锺书,删掉夸奖周汝昌的话,胡适所做的这些事虽是小事,不过倒也可以看出他的人格魅力。

周汝昌先生为《李氏族谱》作序

李象恒

在纪念周汝昌先生一百周年诞辰的时候，故里咸水沽举办多种纪念活动，使我忆起周老为《李氏族谱》写序一事。

1993 年冬，本家三叔拿来周汝昌先生为《李氏族谱》写的序言手稿。那年周老已 75 岁，视力很差，所写核桃般大小的文字，有的几近叠在一起。我和三叔一字一句地辨认着。字里行间，浓得似能触摸到的款款深情，深深感染着我。

三叔退休后，每来沽中，都到我家叙旧。一次，他见到我父亲收藏的几页字迹残缺不全且已变黄的宣纸，既惊讶又感慨，原来那是他十七岁时用小楷抄写的传世族谱。当年他的父亲从高庄子李氏门中借来谱书，由他将咸水沽的李氏家族添补其中，汇集成册，并抄写多本交由各家收存。五十多年后，只剩下我家这几页了。由此唤起他重修族谱的念头。于是,他同金枢老爷登门走访、共同追忆,重新整理出从一世祖至十九世"文"字辈的一整套族谱和相关资料,并撰写了《关于李氏家族与陇西派远之探讨》一文。初稿完成后,金枢老爷带三叔到北京周汝昌先生家中请他过目,因为此前周老在与金枢通信中曾询问过他的家世,此次去京正好予以述说,并请周老写点东西。周老见到乡亲,非常高兴,欣然命笔,写下了"陇西派远"横幅和《天津咸水沽李氏族谱序》。

周老文中先简述了李家始祖于明永乐初年以御林军身份迁沽之史,后捎带写了周家来咸水沽的梗概,继而浓重泼墨点赞故里:"此乡风物优美,人情敦厚,古风尚存,余甚爱之。幼小时,习闻李家大坟,芳春胜日,踏青出郊,则识之于心。""金枢家宅在小南门内,田塍苇蒲,余常过而乐之……"文中所写小南门内的宅院,南邻围子河,河水清澈,鱼儿畅游,蒲苇丛生,岸柳成行。周老家住老街北面,离老海河不远。周老年少时,踏青出郊,经金枢宅院、出小南门、过围子河、穿海大道、走"仙湖小道"(现体育场北路)到达李家大坟。一路寻芳,不是江南胜似江南的美景,在他写序之时,浮现在眼前,跃然于纸上。

在周老的序文中,乡情、亲情和对中华民族优秀文化传承的迫切心情交织在一起,字字珠玑,款款深情。读后,使我这个李氏后人感怀至深。我原以为族谱不过就是辈分名号的记录而已,读过周老的序文,细细品味,方悟出家族续谱与国家写史、地方修志是同一个道理。谱牒文化是中华民族优秀文化的组成部分,同样传承着中华文明。

人事更迭，世事沧桑。如今，咸水沽发生了翻天覆地的变化：昔日低矮简陋的村镇旧貌，转眼已成高楼林立、车水马龙的城市新景；袅袅炊烟的村庄，转眼已成琅琅书声的学府；闭塞难行的乡间小路，转眼已成四通八达的路网。正如周老所言："回思旧迹前尘，恍如隔世，而沽中之陵谷变迁甚巨，重到已不能辨识为何处矣。"

不可忘却的文缘

刘景周

《不可忘却的文缘》是一部周汝昌先生乡情诗词赏析文集，其中收录了周先生关于家乡咸水沽的诗词27首。这一文集，也记录了津南文学刊物《海河柳》与周先生的诗文情缘。

"海河柳"三个字，在诗文中，已成了咸水沽的代称。如周汝老写于2007年的《海河柳俗曲》："海河柳，君知否？根在坤轴枝如绣，依依堤畔长相守。东风吹透波如酒，桥痕帆影船千艘。在家之人攀以手，离乡游子争回首。津沽本是人文薮，嘉靖古寺千年旧，乾隆皇会万人走。多才多艺溯民风，高人奇士亦时有。海河柳，春如绣，地仍旧，曲新奏，与时俱进尊传授。古往今来景无穷，至今难忘海河柳。"这里"坤轴"一词，代指大地。"嘉靖古寺"指明代已有的咸水沽关帝庙，"乾隆皇会"指1767年，乾隆皇帝巡视津南。

继《海河柳俗曲》之后，周汝昌先生又写了《海河柳续篇》，讲了《资治通鉴》所载，隋代已有"豆子䢔"，即咸水沽的历史。还写了《咏海河柳》绝句四首："行行垂柳绣沽湾，古镇长街水半环。帆影微摇桥影卧，翠丝金线祛春寒。""海河高柳四时风，古道行人映照中。一卷新刊名最好，无穷诗意画图工。""身在都门望海门，虹桥古庙可犹存？河边补种千行柳，文采风流第一村。""海门柳色不寻常，绕遍河边一万行。明岁还家惊又喜，吾乡应号艺文乡！"

《海河柳》刊物创刊十周年的时候，周汝昌先生写了贺词："十年栽柳柳成行，丝蘸春波影已香。入海长河真禹迹，千秋古史焕新章。"2008年中秋，周汝老闻知家乡诗词爱好者成立了沽帆诗社，十分高兴，写了《中秋俚歌》："举头望明月，低头思故乡。故乡在何处，新柳纪成行。沽名唤咸水，误会水不良。其实并不然，我谓此水香。自幼饮此水，长大成儿郎。总觉故乡好，往事可流芳。诗社多才俊，李杜诗脉长。诗是民族音，句为文体王。万古诗不尽，善宝莫损伤。"拳拳爱乡之心，谆谆嘱托之情，令乡里人极其感动。不唯这一首"俚歌"，这个中秋，周老还特地贺诗一首，诗前有小序："庚寅岁中秋、国庆，两大节先后相连，故里沽帆诗社诸友，酒兴豪吟，盛极一时，愚亦贡拙句为贺。"诗云："三五清游十一欣，两番节令总为邻。和谐气象团圆庆，砥柱同舟世界珍。桂魄吴刚收斧玉，碧波刘海戏蟾金。中华古俗须东化，夜照瀛寰万国新。”这里的“东化”，是针对“西化”而来，要让中华文化“夜照瀛寰”。诗后还写有小记：“首句‘三五清游’者，暗用《红楼梦》中‘三五中秋夕，清游拟上元’之意，‘桂魄’暗用《红楼梦》‘桂魄流光浸茜纱’。吴刚玉斧的典故由来甚古，国人习用之。刘海蟾者，本古仙人名，民间传说将三字拆开，谓刘海乃一童子，又将蟾解为单独名目。又将蟾与钱音相近，作为发财与吉祥图案。本篇所引如中秋为团圆节，同吃团圆饼，是亲人聚会的佳兆与愿望。吴刚玉树则与嫦娥广寒宫殿的美景息息相关。东坡所谓‘琼楼玉宇，高处不胜寒’，也是一种美好愿望。至于刘海戏金钱，则妇孺皆知，用为吉语。凡此三例，皆切本题。这些民族的文化，都可以向世界宣传，以增加深切的理解与领会。”还特别指出：“所用的是民间俗曲的‘辙’，不要误会押错了韵。”

此外，2011 年，周老还为《海河柳》写了开年诗和四季歌词等。

“甜水”缘何变“咸水”

周贵麟

2012年2月5日《今晚报》副刊“人物天津”栏目曾刊载高洪钧先生的《周宝善的天津地名歌》一文，介绍了周宝善的未刊诗稿《病叶集吟》，其中多有以天津的河海和沽名为命题的诗作，地方特色浓郁。这册未刊诗稿先吟诵了津沽周遭较大的水系之后，如海河、白河、淀河等，接着描写依水而居的村落，多用七绝成诗。其中直接咏及七十二沽地名的就有二十六首之多，包括西沽、丁字沽、三汊沽等闻名之处，吟咏津南古镇咸水沽的一首曰：

疏落村庄淡远波，休将浩淼比盈科。

人言近海无甜水，味美于回似御河。

当我读到这首诗作之后，不禁惊喜异常，因叔父周汝昌先生“从青年时代起，就特别留意搜辑有关乡邦的掌故文献”，在燕京大学读书时曾发现过吟咏咸水沽的诗句，一首是清乾隆时期诗人孟淦的《咸水沽道中》,另一首则是《津门诗钞》中清嘉庆时期诗人李廷棨的《咸水沽舟中闻蝉》,这两首诗,一“舟中”,一“道中”,真可谓好诗成双。叔父接着慨叹道:“这是我平生发现的吟咏故乡咸水沽的二首诗作,有第三首吗?”

我当即抄录周宝善的《咸水沽》一诗寄呈叔父,过了一个星期,叔父让次子建临回复说:“来信丰富多彩,令我很高兴!周宝善的诗真是宝物，最好能到天津图书馆接洽复印一份全本保存。”看来,新发现的“第三首”诗,很令当时已经九十五岁的叔父激动。

古镇咸水沽名列津门七十二沽之一,地傍海河,为白河至大沽口入海之下游节段,水质良好,一点也不苦咸,人们都纳闷“咸水”之名因何而起。在得到周宝善的这首诗后,叔父在即将出版的新版《周汝昌与胡适》(原名《我与胡适先生》)一书中,对家乡咸水沽又有了进一步的阐释:“咸水沽的水是甜的,‘咸’字何来?一直困扰不解。事有凑巧,最近有新资料发现,清代嘉庆年间天津诗人周宝善有题《咸水沽》诗一首。这首诗的出现,使我欢喜无量,因为此诗也说明了咸水沽的水是甜的。那么‘甜’怎么变成对立的‘咸’了呢?细一思索原来是古韵音转的大道理:印度这个古国,在我们古代时有几种译名,如‘天竺(音笃)’,如‘身毒’,如‘贤豆’……你看‘贤’和‘天’在古代是可以互转的音韵,所以‘甜’和‘咸’也恰好是二音互转而成的例子。后来,人们知道咸水沽是古豆子䢼的遗迹(䢼即浅水),又因与繁体'鹹'字体相近,因此百姓在口语相传中,我们的'甜'水逐渐演变成了'咸'水。"

2012 年 **3** 月 **24** 日,旧历三月初三蟠桃盛会之时,叔父又有诗作,贺家乡文学刊物举办的联谊会:

六届联欢盛况多,烟笼新柳傍春波。
谁言故里无甜水,味美从来似御河。

叔父吟诵出"美不美,家乡水"的心声,热情赞美古镇御河春波甜水之美。

这不禁让人想起 **2010** 年中秋节前夕,叔父在祝贺家乡"中秋诗会"举办时也曾有过一首《中秋俚歌》:

举头望明月,低头思故乡。
故乡在何处,新柳纪成行。
沽名唤咸水,误会水不良。
其实并不然,我谓此水香。
自幼饮此水,长大成儿郎。
总觉故乡好,往事可流芳。
诗社多才俊,李杜诗脉长。
诗是民族音,句为文体王。
万古诗不尽,善宝莫损伤。

周汝昌红楼梦学术馆

周贵麟

周汝昌红楼梦学术馆坐落于咸水沽镇普明里公园内，这里也是红学大家周汝昌先生的出生之地。公园内花木繁多，争奇斗艳，又有小桥流水、茂林修竹、荷花水池，一派江南园林风格，引人入胜。

公园正中为一座仿明清建筑，坐南朝北，翘角飞檐，仿古门窗，全为红色。房檐四周为《红楼梦》故事的浮雕石刻，共计六十幅。

为弘扬周汝昌先生在学术上取得的巨大成就，津南区政协于2004年初开始筹建周汝昌红楼梦学术馆，当年9月21日举行了隆重的开馆典礼，适逢金秋，风和日丽，天高气爽，数百位乡亲父老和各界人士出席了开馆仪式。开馆以来，慕名前来的参观者和专家学者络绎不绝，并题词留言，表达对一代红学大家的敬仰之情。

周汝昌红楼梦学术馆的匾额是集胡适先生手迹而成，弥足珍贵。馆内正中有一尊周汝昌先生全身立式铜像，身着风衣，凝视前方，表现了周汝昌先生积极探求不断攀登的学术进取精神。馆内依次摆放了十四个展柜，集中展出了周汝昌先生的著作、手稿、信件、书法等资料。展柜上方是图片与文字，介绍周汝昌先生在红学、诗词、书法、戏曲等多方面的深厚造诣。

在六十余年的红学研究生涯中，周汝昌先后有数十部鸿篇专著问世，影响遍及海内外，“红学大家”，举世公认。他“把毕生的心血献给了红学事业”，“为红学走向世界做出了开拓性和奠基性的贡献”。他对中国书法情有独钟，认为“书法的本质就是要表现中华文化的精气神”。他曾说自己对“书学”下功夫比对“红学”多得多，1976 年，完成了《书法艺术答问》一书的写作。周汝昌写作的诗词数量很大，其中多与《红楼梦》、曹雪芹相关。他才华横溢，精力过人，潜心治学六十余年，焚膏继晷，夜以继日，涉猎范围之广，游弋领域之泛，绝非常人所能揣度。而且，目光深邃，见解独到，悟性极高。举凡事关中华文化宏旨的课题，必不惮辛劳，倾力求索。因此，展馆的内容分为四大部分：一、红楼夺目红；二、兰亭遗脉香；三、诗词一寸心；四、脂雪轩笔语。文字介绍一万余言，照片 78 幅，实物一百余件。

书法家田蕴章于 2010 年初春为周汝昌红楼梦学术馆撰书

楹联一副:“旷世文豪,岂唯红学称宗匠;多情夫子,不泯童心恋故园。”形象地概括了周先生不仅是一位“红楼风雨梦中人”,更是一位“多情多艺的才人”。

周汝昌红学研究之起步

刘国华

津沽乡贤周汝昌先生，毕业于燕京大学西语系，后考入中文系研究院。按说他毕业后的工作，主要应是翻译、教学或从事文学创作(在四川华西大学外语系任教一年多就奉调回京)。可他却在红学领域大显身手，直至驾鹤西去。究其个中原因，应为如下几个方面：

首先，受其母亲影响，奠定了红学启蒙的基础。周先生母亲李彩凤是海下咸水沽北洋码头村人。外祖父是村中老学究，彩凤是其独女，但叔伯兄弟不少。老学究在教授子弟读书时，彩凤必在其中聆听。日积月累，这闺中秀女不仅能读书识字，且能仿效当时学生诵读诗词抑扬顿挫的声调吟诵答对。流行的唱本、小说更是过目不忘。婚后堂兄看望她时，带来了一本《红楼梦》。她拜读之余，还经常给孩子们讲书中“黛玉葬花”“晴雯撕扇”“宝钗扑蝶”等情节以及大观园中的美景和故事，在正在读小学的周汝昌心中播下了《红楼梦》的种子。

周汝昌在南开读高中时，同窗好友黄裳是《红楼梦》的痴迷者，课余经常和他谈论有关《红楼梦》的话题，这又勾起他细读该书的兴趣。周汝昌表示，今后要在英文上下功夫，将来要把《红楼梦》译成外文向全世界介绍，并要创造一个新英文单词：Redology——“红学”。

周汝昌四兄祜昌更是一位“红迷”。他在读亚东版《红楼梦》时，发现卷首有胡适先生的考证文章，知其只寻得曹雪芹好友敦诚的《四松堂集》，其中有三首咏叹曹雪芹的诗作。而敦敏的《懋斋诗钞》竟不可得。四兄告诉他留意该书的踪影。周汝昌很快在燕大图书馆借到该书，发现书中有六首诗咏及曹雪芹。后来写了一篇《曹雪芹生卒年月之新推定》，对胡适考证的曹雪芹生卒年月提出了质疑。该文经业师顾随引荐，发表在《民国时报·图书副刊》上(时在1947年)。该报紧接着在下一期发表了胡适致周汝昌的一封信。1948年周汝昌又写了《曹雪芹的生卒——答胡适之先生》，该文也发表在《民国时报·图书副刊》。

从此，周汝昌开始了与胡适的书信来往，并借得胡适珍藏的《脂砚斋甲戌抄阅重评石头记》，萌生了考证《石头记》三珍本的心愿，一发而不可收，终于成为红学考证派、自传说的集大成者。

周汝昌的业余爱好

刘国华

津沽乡贤红学大家周汝昌先生，业余爱好相当广泛。京昆、曲艺、民间花会无一不好，而且下场参与，甚而粉墨登场票戏演出。之所以如此涉猎广泛，需从家庭的熏陶谈起。

津南咸水沽周家在明朝崇祯年间从安徽桐城移居于此，到清末民初已成为大户人家。周先生的祖父周铜科场失意，捐了一名同知官衔。他非常喜欢文艺，以琴棋书画、戏曲演唱、组织民间花会表演来打发寂寞生活。周先生兄弟四人受其影响，都喜欢演唱与乐器演奏。那时每当春夏傍晚，周铜在自家花园组织子孙们吹拉弹唱，引来不少乡邻观赏。周汝昌先生尤善戏曲表演与三弦、胡琴弹拉。

周先生在燕京大学读书时，参加了学校的京昆剧社，以文武小生的行当应活儿。曾粉墨登场演出京昆剧目，文演《春秋配》的李春发，武饰《虹霓关》的王伯当，昆曲演过《夜奔》中的林冲。他在回忆录中曾披露过昆曲演练的盛况。爱好者们课余在王西征先生家聚会，王夫人排练《思凡》；同学林焘、杜荣学唱的是《奇双会》《闹学》；中文系凌景延教授彩排《小宴》；太仓名师高步云吹笛，周先生以二胡伴之；还邀请了俞平伯先生和一位苏州女曲家清唱，俞先生亲执鼓板，场面非常热闹，令人心醉。

周先生晚年，笔者曾到北京红庙寓所拜谒，谈起旧时天津杂耍园子的曲艺演出。周先生谈兴颇高，提到天津时调演员高五姑、姜二顺、赵小福以及后来的王毓宝；梅花大鼓演员史文秀（艺名花小宝），曾演唱过周先生为她写的《秋窗风雨夕》；还谈到刘宝全的京韵大鼓，说《大西厢》是他常演唱的段子，但不是他的绝活，《闹江州》《关黄对刀》《华容道挡曹》那才叫唱活了。

我趁此机会请周先生唱几口京韵大鼓。周先生笑着说，年纪大了，唱词也记不全了。经我一再请求，周先生只好呷了一口茶唱道："三国纷纷乱兵交，四下里狼烟滚滚动刀枪。周公瑾定下一条火攻计，诸葛亮借东风把曹操的战船烧……"

红庙寓所内一片掌声，与我一起去的人，用手机录下了这一段《华容道挡曹》的绝唱。

周汝昌的书法艺术

刘国华

2015年岁末，笔者收到周汝昌先生女儿伦玲女士寄来的周先生遗作《永字八法·书法艺术讲义》一书。本书是继2002年首版之后，在2006年再版的基础上，由伦玲整理再版的。笔者虔诚拜读，爱不释手。

作为红学泰斗，周先生在“书学”下的功夫，其实比“红学”上多得多，起步也较早，书学著作颇丰，除了零散的论文外，尚有《兰亭秋夜录》《千古奇文千字文》(与田蕴章合作)等。他在书学上的造诣，需从家学谈起。他的祖父周铜一生酷爱艺术，喜欢收藏。他先是把自家的一处柴火园子，改造成具有小桥流水、楼台亭阁的花园。周铜晚年在园中爽秋楼习字作画，作品多被乡民收藏。其父景颐公是清朝末科秀才，乐善好施，书法成就颇斐，其墨宝流传在民间不少。

周汝昌先生在昌字辈弟兄中最小，深得祖辈、父辈疼爱，九岁方入庠读书。之前，已在祖父、父亲调教下读书习字。入学后也是从习写柳公权书体开始，进而临摹欧、赵字帖，甚而郑板桥的“怪体”也曾涉猎。最后徜徉在书圣王羲之的书体中，读摹钻研。他背临的《兰亭序》能达到乱真的境界，逐步形成“似王非王”的自家书体。

在日寇侵华时，周先生的母校燕京大学被日寇占领，他为了不受敌伪教育“收编”，回乡隐于暗室，躲避日伪组织“新民会”的搜寻，就以研习书法为精神寄托，释散胸中块垒。中华人民共和国成立后，他在京工作时，收藏了不少书帖，临摹研习，即使在唐山大地震时，躲在避震棚中，他仍研习书法，并写成了《永字八法》一书。

周先生曾说，他一生最钦佩中华文化的四圣：书圣右军、诗圣杜甫、情圣雪芹、文圣刘勰。笔者曾当面请教周先生：有人说，您的书体是宋徽宗赵佶的“瘦金体”，对吗？“赵佶是位亡国之君，我怎能临摹那瘦削无力的书体。书圣王羲之是我顶礼膜拜，一生的追求。”周先生如是说。

周汝昌先生补写曹诗

刘国华

20世纪70年代，红学界惊现曹雪芹题咏《琵琶记传奇》七律诗一首：

唾壶崩剥慨当慷，月荻江枫满画堂。
红粉真堪传栩栩，渌樽那靳感茫茫。
西轩鼓板心犹壮，北浦琵琶韵未荒。
白傅诗灵应喜甚，定教蛮素鬼排场。

曹雪芹的好友敦诚根据白居易叙事诗《琵琶行》，编了一出名为《琵琶记传奇》的戏曲。戏班排练演出时，请曹雪芹观赏，曹雪芹观后赋诗一首。但有关文献仅存尾联两句："白傅诗灵应喜甚，定教蛮素鬼排场。"意思是白居易在九泉之下见到《琵琶记传奇》一剧，应该非常高兴，一定会让他的家姬小蛮、樊素排练演出。

当时,该诗在红学界引起不小的轰动。肯定者认为,从全诗的内容、诗韵的和谐、声律的抑扬、对仗的工稳等方面来看,具有较高的艺术水准,应是曹雪芹诗作;反对者认为,从《红楼梦》中曹雪芹驾驭诗词的能力分析,该诗格调不高,算不上出类拔萃,当属赝品。一时众说纷纭,莫衷一是。这时红学家周汝昌说:"这首题咏诗是我补写的!"并对有关情况做了解释说明。于是争论很久的这段红学公案才收场。

周汝昌先生健在时,笔者曾赴京拜谒,当面请教该事发生的因由,周先生为笔者讲了来龙去脉。**1969** 年,他被下放到湖北咸宁干校学习劳动,**1970** 年奉令调回北京。当时出版社工作不多,他就把曹雪芹咏《琵琶记传奇》两句诗补写,一共写了三首。这时仍在干校劳动的红学家吴恩裕先生来信说,他存有曹雪芹的资料,周先生回信想借来一观。吴恩裕调侃,必须要用有价值的资料一换。周先生只好把补写的曹诗第一首寄出,并千叮咛万嘱咐,这诗不知真假,千万不要示人,只是听听他的意见而已。吴先生寄来的所谓有价值的资料,周先生看后也是赝品。后来吴恩裕先生不经意间把周补的曹诗透露出去,因此引出了前述的那段争论。

周先生说,我何德何能,怎敢和曹雪芹相比,补写曹诗,不过是消磨时间而已,引起不必要的争论,只有致以歉意,请大家谅解。周先生的幼子周建临先生说,必须说明该诗的真相,否则人们会误解我家藏着国宝呢。

周汝昌买书附记

刘景周

北京恭王府新辟周汝昌先生纪念馆，陈列了先生生平、信札、手稿、碑帖、藏书、著作、收藏品等。往观发现，先生每购一书，必于扉页简短附记，大多是勘定印本之讹误，指责书商之诒人，令后学受益匪浅。其中也记载购书经过，让人知道了先生一些生活侧面。

如 **1965** 年购《柯丹丘藏定武兰亭瘦本》附记："于王府井荣宝斋，见一本粘于劣纸粗石之贾思伯碑，后标六角，欲收之，而一老昏主事人，旋来改价一元。与语甚不逊，乃批评之，赌气亦不取。(实缘无钱)，及薪水在囊，更往觅之，遂已售出，甚怏怏。因忆初夏与讷老(注：指周汝昌四兄周祜昌)同游海王村，于庆云堂曾见一本，决命驾寻焉。至则亦不见矣。心甚怅悒，旋于乱帖中，堆在最下处，忽复得之。大喜，收而有之。贫士于一破帖，曲折甘苦若是，非有钱者所能知也！”

是年先生四十七岁，任人民文学出版社古典部编辑。先生在多处附记中都涉及掂量书价，那时因为薪金用于生活用度，本不宽绰，但先生又要频频收书，占薪金比例很大，不免节衣缩食。与当时的人相比，今人差不多都是“有钱人”了，试问薪水用于购书的比例又有几何？也曾为一书得与不得，或怏怏，或大喜吗？

周汝昌早期在津的红学活动

盛志梅

周汝昌可谓红学界著作等身的大学者，他的很多红学著述是在中华人民共和国成立后出版的。不过，早在民国时期，周汝昌就已经在《红楼梦》研究方面崭露头角并引起学界注意，而他早期的红学著述及相关活动，与天津有着千丝万缕的联系。

藏书家黄裳与周汝昌是在南开中学读书时的同窗，因为经常讨论《红楼梦》，从青春少年到耄耋白发一世结缘。殊不知，正是有了当年南开中学校园里两个同窗室友对《红楼梦》的痴情，才产生了后来"红学"的英译词。黄裳当年曾问周汝昌："我们有'红学'这个名目，可惜外国还不懂得，比如英文里也不会有这个字，怎么办？"周汝昌当即回答："这有何难，咱们就 coin(造)一个新字，叫 **Redology**！——'**Red**'的意思是'红'，而'**ology**'正是表示‘学’‘学科’‘学术’等抽象意义的英语词根。”

1947年，已就读于燕京大学的周汝昌，收到其四兄信函，谈到胡适一篇文章里提及敦诚、敦敏系曹雪芹生前好友，周汝昌循此线索，不仅在敦敏诗集《懋斋诗钞》中发现了关涉曹雪芹的诗，还根据这些新材料，写出《曹雪芹生卒年之新推定》一文。他的老师顾随将该文推荐给了天津《民国日报》副刊“图书”版主编赵万里，于当年12月5日刊出。这是周汝昌红学研究的处女作，此文的发表，揭开了曹雪芹“卒年”问题争鸣的序幕，标志着周汝昌正式踏足红学研究六十五年漫漫长路的起点。胡适看到后非常赞赏，遂与周汝昌开始了书信往来。那些红学通信，主要也是在京津之间进行的。值得一提的是，《红楼梦》版本系统中，因甲戌古钞本《石头记》上面的脂砚斋批语提供了曹雪芹家世资料及原著八十回后佚稿情节线索，被胡适最早发现并购藏，周汝昌就冒昧向胡适提出欲借阅甲戌本研究，胡适立即托孙楷第转交。周汝昌借得甲戌本后，当年暑假携之返回家乡咸水沽，其四兄一见亦大为惊叹，但由于年代久远，翻阅甲戌本时发现纸已黄脆，兄弟俩当机立断，利用暑假全力抄校出副本。还要补充说明的是，天津近年新发现的庚寅本《石头记》，因第一回多出的眉批“予若能遇士翁这样的朋友，亦不至于如此矣，亦不至似雨村之负义也”，有研究者认为系据陶洙所藏怡亲王府本而来，因此胡适影印甲戌本、俞平伯再版《脂评辑校》时虽均删弃了多出的这句批语，但据周汝昌女儿周伦玲讲，甲戌古抄录副本还保存此批，为谨慎起见，研究者深入考察庚寅本前，最好能先到上海博物馆查验甲戌原本后再做出新判断。

当年，甲戌本录副工作完成后，周汝昌曾致函胡适，声明了缘由动机。胡适慷慨大度，又借给周汝昌大字戚本和庚辰本照相片，有这些珍贵的材料做基础，周汝昌得以写成《三真本之脂评》，发表于《燕京学报》。作为著名学府学报，刊发当时尚是大学生的周汝昌文章，还是首次特例，文章刊出后引起很大反响。后来，周汝昌历时五年终于完成专著《红楼梦新证》，此书的出版，将《红楼梦》实证研究体系化、专门化，被认为是一部划时代的红学著作，一时洛阳纸贵，也奠定了周汝昌在红学史上的大家地位。然而，如果没有周汝昌早年在津的红学积累，《红楼梦新证》不可能短期内完成。从这个意义上也可以说，一代红学巨匠是从津门咸水沽走出去的。

白发红楼周汝昌

赵建忠

周汝昌在红学研究上实绩显著。他走过的人生学术历程，很多方面与天津有着千丝万缕的联系。南开中学是先生的母校，津沽大地不少亲友乡邻和旧朋新雨一直与他书信不断，这不仅是翰墨缘更是醇厚乡谊。先生热心乡邦文献，对天津的文化活动多年来一直支持，为家乡报纸写稿更是很积极。他的红学处女代表作《曹雪芹生卒年之新推定》一文，发表在 **1947** 年 **12** 月 **5** 日的天津《民国日报·图书副刊》。先生与他的老师胡适之间的红学通信，特别是珍贵的甲戌古钞本"录副"工作，主要也是在天津进行的。这些可以算作周汝昌的红学路"始迹"，一代红学大师是从津门咸水沽走出来的。

周汝昌的红学观点并不为业内人士都认同，诸如关于曹雪芹祖籍、脂砚斋原型等问题，红学界一直未达成共识。他提出的红学"范围"由"曹学、版本学、脂学、探佚学"四个分支组成，也有不少研究者颇有微词，并呼吁"回归文本"。其实，《红楼梦》的"文本"有其特殊性，周先生反对用一般小说学的方法去对待这部特殊作品，本来无可厚非。事实上，周先生不但不排斥"文本研究"，更重要的是，还将《红楼梦》从一般的"文本研究"，升华到中华文化的大坐标上去宏观考察，这从周汝昌的著述《红楼艺术》《红楼梦与中华文化》中就能寻出发展轨迹。

我有幸同周先生结识，是在 1989 年考取中国艺术研究院红学研究生不久。早就听说他对曹雪芹敬重到痴迷的地步，据说宁可自己和家人的生日不过，每年却坚持给这位《红楼梦》的作者敬寿。我初次拜访先生时，给我印象最深的就是书橱里刻有"为芹辛苦"的瓷盘。听说我从天津考来，他很高兴，对家乡的情况细节问得很仔细，思乡之情溢于言表。先生问我考研前在哪所大学毕业？我坦率告诉周老，当初自己"误读"了化工专业，后来分到一家企业工作，这前后耽误了近十年，是通过自学考上的。周老就安慰我说，其实他的专业本来也不是文学出身，当年毕业于燕京大学西语系。临别时老人还以其红学新著签名赠我。那次拜晤先生后，我们开始了联系，课余时间也常去看望他，先生对我研究的红学课题很关心，每当发现相关资料，或寄赠，或让其在院里工作的女儿转来。研究生毕业后我到天津师范大学任教，但多年来一直没中断通信。首届全国中青年红学会议在天津师大举行时,会前我曾代表学校去周府征询意见,周老专门写了贺信,并题词纪念:“薪传日朗,俊彦多贤,学积山崇,后来居上。建忠学弟并诸学友,戊寅秋日,周汝昌”。我把这看作不仅是对我也是对所有与会的中青年红学研究者的厚爱。

周先生对中青年研红者的奖掖扶持有口皆碑,这与他坎坷的学程特别是他的为人处世有关。小时候他和乡人遭土匪“绑票”,这种危急情势下逃走或隐瞒出身尚且不及,他却自报是家资丰厚的“大户人家”,并说明陪他的人家中“无油水可捞”,要求放他们走。真正做到了视死如归,这就是少年周汝昌的侠肝义胆!如果说这还仅仅是少年义气的话,那么“珍珠港事件”时日军封闭燕京大学后,敌伪“教育部”登报“招编”遣散的学子入其所控大学,周汝昌坚决不赴“招”,隐藏于故里一间暗室,并作诗抒发黍离之悲,国难家仇,表现出一种民族大义!

1998 年在京为先生举办八十华诞和从事红学五十周年纪念活动时,中央统战部的一位领导在宣读贺词时,称周汝昌是“伟大的爱国知识分子”。他确实当之无愧。

齐白石与周汝昌

聂鑫森

著名红学家周汝昌与丹青巨匠齐白石，虽都栖居北京多年，但两人似乎没有打过什么直接的交道。而因收集、整理、研究《红楼梦》及作者曹雪芹的资料，周汝昌对早已过世的齐白石，生发出别有的亲切与敬意。

这件事与张次溪有关。

张次溪之父张篁溪，与齐白石同受业于王闿运门下。张次溪系齐白石的学生，《白石老人自述》的整理、出版者，同时他对北京的民俗、掌故、史乘颇有研究，家中藏书丰富。

周汝昌与张次溪认识，是20世纪60年代文化界筹办曹雪芹逝世二百周年纪念盛典之际，尔后，张次溪到周家叩访。周在所著《北斗京华·北京生活五十年漫忆》一书中，收入《张次溪》一文。“他一开始就诉说，他收藏曹雪芹的史料，情愿付我运用。”于是，周汝昌“为此到烂面胡同去回拜。其住宅很好寻见，大门上高悬一匾，是叶恭绰所书‘张文烈公故居’几个大字(张先生是明代名臣之裔)”。

在张家，周汝昌获见了爱新觉罗·敦诚挽曹雪芹诗的原抄本《鷦鷯庵杂记》；以后，又见到了几件涉及“红”“曹”的文物，一件是清道光年代木刻版本朱色印的《红楼梦》升官图、“很早的红楼人物全份的香烟片”(附在香烟盒内的画片)。

周汝昌在文中写道：“但张先生的贡献并不在此，他的贡献还有两件重要的事，即他与齐白石老人有师生谊，听齐老转述了曹雪芹的事迹；一是民国辛未年，白石曾亲访崇文门外卧佛寺，雪芹贫极时曾借寓于寺内，白石因绘《红楼梦断图》小横卷，左为寺门掩映，右有残月半天，并题一绝句云：‘风枝露叶向疏栏，梦断红楼月半残。举火称奇居冷巷，寺门萧瑟短檠寒。’张先生送给我一张小照片，是原画失后另一名家补给的。二是白石到西安，与诗家樊樊山等晤谈，话及《红楼》。座中适有一友，为满族旗籍，遂接言雪芹轶事，说他行二，原配早亡，后来与表妹李氏结縭。张先生曾著《齐白石传》，中亦记有此事。”

齐白石所作的《红楼梦断图》，画的是曹雪芹曾寄住过的卧佛寺以及他亲闻的曹雪芹婚姻状况，对于红学家周汝昌来说，当然弥足珍贵。

民国辛未年为**1931**年。“那年夏天，他(齐白石)在我家张园，住了些日子……附近有万柳堂、夕照寺、卧佛寺等名胜，他同先君及我，都曾去游览过……卧佛寺，相传《红楼梦》著者曹雪芹在家道中落之后，一度在那里住过，大概在迁居京西香山的前几年。他慨叹曹雪芹的身世，曾经根据我作的诗，画了一幅《红楼梦断图》”(张次溪《齐白石的一生》)。齐白石将此画送给了张次溪，可惜后来不慎丢失了。齐白石的第五子齐良已，也是个画家，默想其父的构图和笔意，为张次溪依原样补画了一幅，原题的诗和跋语照录于上。张次溪送给周汝昌的画照，就是拍的这幅画。

张次溪也为这幅《红楼梦断图》向名家征题，周汝昌写了《题白石梦断图》的自度曲：“几片行云，一角焦蟾，丹翚便出层楼。虫鱼惯见，谁知老笔此风流。满帽西风，多情问古，巷冷记寻游。沙窝路，何许雪旌霜钥，对琉璃佛火不胜秋。瞿昙示倦，槐柯卧影，此间曾系虚舟。红豆通辞，黄车托体，当时意兴岂闲愁。皕年已新周命，看文星光焰，惊动十洲。思巨手，更三毫上颊，传神写石头。”

周汝昌既写了此图的概貌，更倾注了对齐白石的赞颂、钦佩之情。

在《张次溪》一文的结尾，周汝昌又作诗曰：“木架存书尚满堂，鵁鶄杂记字微伤。亲传白石诗书画，萧寺寒檠月半床。”

周汝昌老人赠诗

赵士英

汝昌老人交往多年,时有诗画酬酢。汝昌老人安贫乐道,甘于寂寞,治学广博严谨,学贯中西。老人之诗构思新巧,透脱妩媚,生动自然。

我曾将创作的《曹雪芹黄叶著书图》奉上,这幅作品采用浪漫主义的艺术构图,描绘雪芹先生居陋室、据颓几、拂麻楮,孤檠一炬、回笔旋首,望着想象中的玲珑朱石。汝昌老人十分欢喜,回赠五古一阕(有序)勉励之:"津门画家律一居士绘曹雪芹著书图见惠,其笔奇逸罕俦,赋诗为报:朱石立岂奇,青带垂非远。额高性自灵,灯红手不暖。仲达衣出水,律一墨生胆。画师知我意,感激揩病眼。长吟幅上诗,永怀腕下撰。六法吾顿悟,笔笔心池染。弦外闻微音,风林黄叶卷。里人周汝昌,癸酉十月廿二。”诗中多有褒扬之句,读之令我感愧交加。余生也愚钝,乍蒙青睐,倍觉汗颜。

我每逢年关将近之时,常画一些生肖图以飨友朋,预祝新岁吉祥。曾奉赠汝昌老人生肖画数纸,老人均不嫌笔拙墨陋,赠诗谢之。后因老人眼疾未瘳,不良于书。最后一诗是老人口授,由其公子建临先生代书的,着实令我感动。由此,再三力劝老人莫再赠诗了。诗共三首。

在己卯嘉平,曾奉老人祥龙一图。老人赠诗道:“惠我庚辰第一图,龙情书趣画功夫。明朝蛰起春雷动,霑洒文霖七二沽。”诗中老人热情地祝福沽人乡亲物阜年丰,普霑甘霖,幸福团圆。

辛巳殷正,又奉赠老人一幅拟天津杨柳青年画风味的贺画,画面上一垂髫小儿,身穿大红兜肚,手擎一金马彩灯,预示着吉祥多福。老人回赠古风一首:“谢律一居士:年年赐我福,今年福更奇。小儿持大马,稳坐不争驰。问儿何所取,齿稚莫强为。俟我长大日,与马千里期。六法何不凡,八法亦清姿。毫健生意气,心灵则不缁。翘首问津沽,居士良可师。辛巳腊八,信笔口占。”诗句清新可爱,风趣幽默,大有“端能活法参诚叟”的杨万里诗风。

老人竟还要“翘首问津沽,居士良可师”。余萌陋不学,安能为师。蕴涵调侃的俏皮词句,使我们在脑海中显现出一位多么富有童心的老人。

最后的一首由建临先生代书的诗,是在戊子岁尾看到我寄奉的仿李可染大师的《春牛图》。画面上,一头肥硕的水牛在柳媚雨疎的池塘中嬉水。周老以一首乡情浓浓的七绝相赠，诗中吟道："春水春牛春意浓，画家笔下即天公。律一居士多情甚，助我田间步步红。"诗中显现了老人为振兴繁荣中华优秀文化，虽已是耄耋之年、羸弱之身，仍充满乐观主义精神。诗多过誉，但"多情甚"一句，却是我对老人始终抱有的真挚情感。

而今文林式微，妍媸莫辨。读老人之诗，应生敬畏中华民族优秀文化之心。行文至此，正值夜灯照影秋霖敲窗，遂诌小俚以记我与老人的诗画之情：

孤檠秋雨夜，
虚室品文翰。
梦绕三津水，
情滋九畹兰。
诗多提掖意，
学浅荷承难。
儒雅失垂范，
文林不胜寒。

“为芹辛苦”

张贵发

我与周汝昌恩师相识于一堂“《红楼梦》新证”大课，从此先生成为我的文学导师。我常前往京城红庙“陋室”般的周府。恩师见缝插针培植的青竹，枝繁叶茂，节节傲骨，同硕大瓷盘上“为芹辛苦”刻字交相辉映。

我向老师请教诗词歌赋、书法及文字学知识，也为老师查阅书籍、资料。

读《红楼梦》，常被书中所涉及的医学所折服，所述医道之深，所释临证之精，是当今任何医学文学作品所不可比拟的。正如汝昌师说：“曹雪芹当年写《红楼梦》，并非专为医学而写，但小说中却有很多宝贵的医学知识。《红楼梦》全书涉及中医描写有291处，约5万余字，出场的各类医疗人员14人，不同疾病114

种，有效方剂45个，药物127种，使用各类医学术语达160多个，有完整或比较完整的医案13则。中医学各方面的知识，从基础理论到临床疾病诊疗、方药、针灸、推拿、保健养生，以及与医药有关的风俗习惯等等，都在这部书中得到了反映。”

曹雪芹名曹霑，号雪芹、芹圃、芹溪。为什么三个号都离不开一个“芹”字。汝昌师考证，曹雪芹钟情苏轼之诗，苏轼的《东坡八首》中，有“泥芹有宿根，一寸嗟独在；雪芹何时动，春鸠行可脍”的名句，并自注：“蜀八贵芹芽脍，杂鸠肉为之。”泥芹之泥虽是污浊，但它的“雪芹”却出淤泥而不染。曹雪芹住在西山的时候，曾用野芹熬汤治愈了一名叫马青的茶馆伙计，从此医名大震。后来他用中草药治好了许多苦命人的病。为了进一步表明他的志向，他便特意给自己取了一个雪芹的号，意思是愿做一棵山乡的芹，既可给父老乡亲们充饥，又可为穷人治病。可见对于饱读诗书的曹雪芹来讲，成为一个良医似乎也不难，因为只要读过《红楼梦》的人就会从中体会到曹翁深厚的中医功底。曹雪芹还经常在溪水边采摘野芹，制成药物送给穷人口服医病。所以他又称芹圃、芹溪处士。汝昌师自题：“为芹辛苦”，半个多世纪以来致力于《红楼梦》及作者曹雪芹的研究。

1992年6月汝昌大师为我撰写的《还精补脑新解》一文在报上发表，阐述“精向有‘精神’‘精彩’‘精英’‘精华’等词语，这就表明我们先民早已懂得，精是生命之根本”。“我以为张贵发最大的贡献是确立还精补脑的科学道理，阐释了精与脑的密切关系。”因此，“张贵发所著《医道合参中风论》，是一篇医学重要论文，不但在医疗理论实践上有其重要性，即在中华文化史上，也有深远的意义。”汝昌师嘱我转益多师，深入研究《红楼梦》中的医学思想，让医学与文学互动，期望更多的富有文学性的医学作品问世。并送我四字箴言：“当仁不让”。

赐序题诗别样情

傅 杰

“料峭东风想试灯，文明门外问途行。百年路改芹时土，三里何存蒜市名。故宅迷茫悲玉赋，遗编零落悼红亭。九旬曝日街前叟，就语沧尘恍可听。”

周汝昌先生的这首七律是1983年题赠给我的。那时我是20岁的懵懂小伙子，现在已经是知天命之年了。读诗思人，临文嗟悼，真是感慨万千。周老的厚爱，不敢专美，我把它看作是周老对后学晚辈的情谊，是与天津乡亲的情谊。

1983年4月，周老应邀从北京来到天津师范大学做学术讲座，下榻师大招待所。俗话说，“开篇不谈红楼梦，读尽诗书也枉然”。周老也说，“不解红楼妄读书”。听说红学大师周汝昌先生要来到学校讲学，我十分激动，于是请高年级学长陈鸣兄引导，恭敬地去拜见。在六里台南院的学校招待所,朴素的标准间,周老热情地接待了我们,还有几位名人来访。周老精神矍铄,满头银发,声音洪亮。周老此行,在天津居住了三日。第二天,我们陪同他去水上公园散步。

在校学生会许椿学长的鼓励和支持下,我们成立了学生书法社,同时举办书法展。周老听说后很感兴趣,要去看看。我们知道这是给我们的巨大鼓舞。周老在我的作品和李永君同学的作品前长时间驻足,细看,然后大加称赞。我们则在旁边恭敬陪侍,兴奋惶恐中已经汗流浃背了。这是难忘的一天。

2002 年 6 月,我编撰了《魏始平公造像记集联》一书,写出了《始平公研究》一文。周老盛情赐序。周老在序文中把书法置于崇高的位置:"拙见谓中华书道,生民之灵慧,而民族之心光也。""吾华书业,本非言辞所能表宣。"他批评书法界存在的弊端:"书脉濒绝,信手涂鸦者皆以书家称。每览拙墨恶札,未尝不悲绪萦于吾衷。"他提出如下美学观点:"必骏利而又沉着,飞动而又凝重,丰腴而异于臃肿,厚实而非同板僵,气韵充溢于毫端,收放萦回于腕下,尊古而自有性情,生新而断无怪异。"

没有想到的是,不数日,又收到百余字的序文,要求增入,具体提到了《魏始平公造像》和《集联》。周老的严谨和认真,真是令人感动啊。

周汝昌为鼓楼写楹联

吴裕成

5月31日[1]著名学者周汝昌先生不幸病逝。噩耗传来,笔者的微博装满140字节,以寄哀思:

天津建第三座鼓楼之际,周汝昌先生曾写联:"听百单八杵钟声声溯三代六朝文明华夏,看七十二沽帆影影联九河四海交会析津。"这是一位一辈子爱天津、写天津的大学问家。前不久,还为《今晚报·副刊》的征文口述《礼敬天后宫》。这大约是先生的绝笔。天津卫、天津人、天津文化将永远铭记,天津乡贤周汝昌先生!

一方水土养一方人。海河水滋润的津南走出周汝昌,天津人引为骄傲。

---

① 指2012年5月31日。

为学界敬重、受乡邦爱戴的周汝昌先生,桑梓情深,深深地爱着家乡。他又是一个乐于回忆过往年华,能用娓娓道来的笔触,将三津风物、沽上文化写得饶有情趣的人。因此,天津报纸"追捧"周先生,是情理中事。20世纪60年代,先生就在《天津晚报》写专栏,栏目取名"沽湾琐话"。"文革"以后,1984年《今晚报》出刊,《今晚副刊》得到周先生的热情支持,如专栏"七十二沽人语"。曾问周先生的女儿、他十分称职的秘书周伦玲,先生给家乡晚报写了多少文章?回答说,没有统计过,真可以说数也数不清了。

多年编发周先生文章,所涉选题大致可分为几个类别。

周先生一生研"红","为芹辛苦",给晚报写文章,这是一个大项。比如《红楼梦真故事》,先在《今晚副刊》辟专栏,每星期天见报,后出书;

古典文学为先生的主业,也是著文的选题,对古代作家作品的议论风生,颇受晚报读者喜爱;

先生书法造诣很深,对于书法理论、书法艺术史有着独到的见解,有些文章说"兰亭"谈书法;

对于戏曲曲艺,先生自幼受家庭熏陶,鉴赏水平颇高,这又是一类选题;

周先生写亲历,写交往,诗词唱和,学术切磋,那些情景交融的篇什,大都可称为学林美谈、文坛佳话。印象中,关于北大胡适校长将甲戌珍本《石头记》借给外语系学生周汝昌,这尘封了四十年的记忆，就是在写给《今晚报》的文章里披露的。

此外，周先生为晚报撰文，可以归为一大类的，就是天津地方文史。

这里只说《天津卫》专版。1998 年岁末，晚报利用副刊增刊的版面，推出这一专版，至 2004 年初，总计刊出近 50 期。周先生关注这个专版，写了 8 篇文章。1999 年 3 月，有《永远的天津卫》发表。文章开篇："你可知道？'天津卫'也进入了京戏？若不知道，请去问问行家，他会告诉你：那出戏叫《连升三级》。"由戏出故事，到燕王扫北，再谈明代设卫制度，并溯源宋的"砦"、元的"镇"。一篇千字文，知识含量高，乡情也浓。

2000 年 9 月，天津老城里重建鼓楼，先生有《鼓楼颂语》一文，盛赞梅成栋楹联："提起津门的鼓楼，比别处的鼓楼更是诗意盎然，涵咏不尽。此因何故？全是那一副令人击节的名联警句。"文中根据旧联"听一百八杵早晚钟声"，结合北京城里钟鼓楼的设置，讲天津鼓楼击鼓敲钟报时，及当年城厢内外百姓日常生活。

一年后，瞩目在建鼓楼的周先生，寄来楹联一副，落款"里人周汝昌"，并附信："裕成乡友：津门鼓楼重建，我心甚喜，早已撰成一联，只为自存自贺。今思不妨寄与足下，可以制版登于副刊，以存墨痕。若能办到，并请将小锌版片赠予我，以为小纪念品。"周老很是谦逊，"自存自贺"等语，流露出赤子般爱乡情怀。先前，先生曾应天后宫之约撰书对联。这次，先生寄来了书法复印件，在《天津卫》专版刊出，效果很好，读者反响也大。有读者来信，询问联尾“析津”一词何义；也有先生的老同学驰书，称赞联语语意不凡。两个月后，2002 年 1 月，先生写来《析津与天津》，答问释疑之余，谈及中华文化“三才(天地人)合一”思想，谈及星宿间的“析木之津”，对应天津得名的典故——天子津渡，即津人口语“摆渡口儿”。文章对所拟楹联，构思与含蕴，做了解说。

“听百单八杵钟声声溯三代六朝文明华夏，看七十二沽帆影影联九河四海交会析津。”囊天地，融古今，字字珠玑大气魄，可谓名人佳联。斯人乘鹤去，此联诚可珍。先生的楹联应该镌刻以木，挂到鼓楼上去，让世代的登楼者以超越时空的情感交流，读这位津沽乡贤、中华俊彦爱乡的心曲……

周汝昌的国剧情结

田蕴章

提起周汝昌先生就有说不尽的话题。“周汝昌”这三个字已成为一个文化符号。

说到国剧，自然所指为京剧，周家至少两代人酷爱京剧，汝翁的父辈及二哥(祚昌)、三哥(泽昌)、四哥(祜昌，又是一位文学大家)等都精通乐器，周家自己就能组成一台戏，生、旦、净、末、丑齐全，文武场齐备，仅汝翁一人就精通小生、武生两个行当，京胡、月琴、琵琶、三弦、笛子和箫等乐器样样拿得起。说来戏迷、票友多得很，但像汝翁这样的票友，意义则不寻常。他不是普通意义上的爱好，而是以一位大学者的视角，从文化的高度审视京剧，他这样说：“中国京剧，最大的特色之一，是造境，它用众多的美的综合，表现出一种现实世界中并不存在的境。它并不像西方的戏剧观念那样:要‘逼真’地‘再现’一个什么情节场面的‘形象’。这也许是两种很不同的历史文化背景、民族特点等等的不同条件而产生的不同结果吧?我无意评论哪是哪非,何高何下,我只想说明白:中国京剧不是‘照样写生’,而是‘借情造境’;因此,你坐在台下,并不是来看一幅什么呆定(不能变)的‘布景’,来看那些剧场以外到处能见的房子、窗帘、桌椅……以至人的穿戴、活动形式等等一切的那个‘实’境,而是来看这台上神奇般立刻显现出来的一片‘非实境’——是美不可言,别处没有的境。这境,又到底是个什么?美妙神奇,令人倾倒心醉?我没有创新的才能,想半日也想不出个新名词,我只想出一个‘老字号’——诗境。中国京剧的一切高级艺术创造和表演,都是为了展示——‘传达’这个中国文化上的瑰宝:诗的境界。”由此看出汝翁钟情的是京剧舞台上那种空灵而又真实的诗的境界,而满台实景则阻碍了京剧演员的发挥,使诗境皆无。京剧的高妙也正在于台上台下的互动,观众能够充分发挥自己的想象力,这是一种妙不可言的享受。想起当年京剧《三岔口》在前苏联演出,前苏联媒体这样评价:“中国京剧《三岔口》在明亮的灯光下,用表情和动作把我们带入了一个伸手不见五指的黑夜。”这个评价很是精准,只有京剧才能做到。围绕虚境与实境这个问题汝翁又有高论:“京剧的一个重要审美原则是:‘全舞台人物(不是布景)画面美’,即,以全舞台为‘画框’,场面上的人物活动,包括每人的姿态、位置与这些不同人物的不同姿态、位置之间的相互而综合的关系之'全美'。今日之'京剧电影'的流行做法,却是绝少动脑筋如何尽量保存和反映这一宝贵的'全美',却一味模仿西方艺术的电影技巧去'处理'中国的京剧。于是乎,台步与武场的节奏配合美全消灭了,'开门'的手势美也消灭了……'诗境'换上了死布景以求'逼真',以致'背后'是丛林大树,中有路径——不去走,却只好还在'圈'里'跑圆场'……而且,你时时看的是'特写镜头'——忽然一个大脑袋在龇牙咧嘴地吓你一跳!各人物在台上的那种极其迷人的'位置画面美',也就难得再获享受之福了,只有凌乱一大堆。我自己暗自思量:这真是一种深刻的不幸。这种不幸,却又常常在'革新''改进'的美好动听的口号迷阵中得到了支持和赞扬。"关于京剧改革,实在是个大话题,要改什么?革什么?一定得弄清楚,千万别改掉革去京剧的菁华,改革后的京剧应使京剧爱好者更加喜爱京剧才算获得成功。如果改革后的新京剧,只能送票、发票而不能卖票,那就失败了。现在某些新创剧目把京剧改得面目全非,很使人伤心,结果是鲜鱼水菜,过时作废。

我常想,从科技方面多搞些改革创新是必要的,但在文化艺术方面,却不可"改"字当头,因为我们丢失的"东西"实在太多了,不是不可以改革,而是不要轻举妄动。说到京剧,同样也是丢失的太多,欲要振兴京剧,主要依靠多出人才,像梅兰芳、余叔岩、金少山以及马、谭、张、裘等等高水平的大师多出一些,京剧自然不振自兴。

汝翁曾这样讲过:"我不曾赞助'保守派',说旧词一个字不能动。但我反对用今人的思想意识去‘改造’千百年前古人的‘精神活动’,颠倒了历史真实。比如苏三,一个不幸落难的痴心妇女,从狱中提出来,她要辞一辞狱神——狱神供的是谁?是中国古贤人皋陶,史称他之断狱最为公正廉明,纠救屈枉无辜。苏三一个无辜可怜的弱女,生活在明代,她祈求狱神——只为与王公子‘重见一面’,我只觉得这种唱词格外动人,绝不是在‘提倡迷信’。可是也有人说这不行,是毒素,非得让苏三女妓也有‘进步思想’才算革新了什么,云云。”

说来也真是奇怪,不只是汝翁,不知为什么许多书法家都非常热爱京剧;京剧演员又大都兼擅书法,如书法界的吴玉如、吴小如、吴同宾父子三人均酷爱京剧,且具备很高造诣;书法家欧阳中石更具有专业水平,自然我辈中亦不乏其人,不必一一列举。京剧界的余叔岩、奚啸伯、石慧宝等大师其书法甚是了得,我辈中如杨乃彭、邓沐玮等名家无不痴迷书道,且笔耕不辍。至于这其中有何必然联系,我百思不得其解。如今书法界每况愈下,随之爱好京剧的人也越来越少,倒是爱唱卡拉OK的人多了起来。当然这也没什么不好,只是京剧与书法渐行渐远,我却不知症结何在?还是汝翁的论述对我有所启示,他说:“振兴京剧的根本大计只有一条:弘扬中华文化,提高民众文化素质。这是当务之急了。”

汝翁走了,墙壁上破旧的京胡与月琴依旧悬挂着,它们不知道琴师不再归来。

丛刊序言·读词杂记

崔国良

世纪之交的那一年，我负责组稿并编辑朱一玄先生等编纂的七卷本《中国古典小说名著资料丛刊》，与朱先生商量请一位在古典小说学术研究领域里卓有成就的学者，为《丛刊》写一篇序言。我们不约而同地认为周汝昌先生是最合适的人选。我担心他有没有时间写，而且我们从未谋面。于是我就带着朱先生的亲笔信前去相求。

到了北京周老府上——红稗轩，可能由于是津沽老乡，也可能是因为南开校友的关系，我们一见如故。他询问南开的情况，关注天津的发展，他特别希望天津这座工商业城市，能够多加注意文化的发展。在谈到请他为朱老的《丛刊》写序时，周老谦敬有加，说："朱老是我素来敬重的真学者和大方家，大可不必。"经我再次恳请，他才表示愿"结此墨缘"。不数日，周老近三千字的序文寄来，让我喜出望外。

后来，我依周老的要求寄上两种由我责编的与南开校史有关的出版物。周老接到书后，立即亲笔复信给我："惠寄书册二种，昨午拜收，深为感谢！因目艰，俟缓缓诵读，定收教益。特此函谢！拙序不知已交朱老否？作何评议？因未见回音，故不敢妄揣。如不为可用，即置之可也……"

我接到序文后，没有及时回复，这都是我的失礼所致；这封信，两张信纸写得满满的，而周老几近失明，有的字写得字上摞字，几乎莫辨，却仍亲书。周老办事如此认真的精神，以及性情的率真，着实令我敬佩！

后来我将排好的《序言》寄给周老，请他审定。他将"吴宓先生《红楼梦考论》"的书名校正为"《红楼梦新论》"，将"揽此一名，可知全貌"改为"揽此一名，可知全美"，还改正了我们失校的几处错排，并写来信件："崔国良先生：已经再三粗校。因目坏恐仍有漏看，请再细核。谢谢。周汝昌。"由此可以看出老先生治学严肃、认真、精益求精的态度，确实是值得我们效法的楷模。

我在做《南开话剧史料丛编》搜集史料时，看到周老在南开中学读高中时，在《南开高中学生》编辑部与黄宗江同是杂俎组的干事。我们发现他的一篇《读词杂记》，写于1935年，全文近八千字。该文是应约向师弟、师妹们讲词的。文章用通俗而流畅的语言，讲解词的产生、源流发展和消失的原因；还讲了诗与词的异同(用诗词实例介绍诗的平仄与词的五声)及其相互关联。文章的重点是以欧阳修的《南歌子》、冯延巳的《阮郎归》、秦观的《浣溪沙》和无名氏的《菩萨蛮》四首词串讲,穿插介绍了近百首词,可谓洋洋大观,文字引人入胜。他写道:“前人大胆地作,我们大胆地鉴赏,不必学前人那些梦呓,欺人自欺……他们不是以文学眼光鉴赏文学,简直在近于谩骂,唐突文人笔墨,实在罪过。”我以为周老是采“性情说”解词的。他说:“词家宁痴勿达,宁纤勿壮,宁小巧勿粗豪,其声哀以思,其义幽以怨,盖变风之流也。”当然,他也引用胡适的话指出词的弊病:“音律与古典压死了天才与情感,词的末运已不可挽救了!”

一名高中生,竟然写出了近八千言的文章,而且是讲词,讲得这样深入浅出、这样洒脱,在当时可说是绝无仅有;更可贵的是,他采“性情说”解词,可以说是慧眼识珠。文章还提到,他最开始痴迷于旧诗,就搜罗诗的专集杂选,后来转而喜欢曲,又搜罗《长生殿》《牡丹亭》《西厢记》《桃花扇》……再后来,开始对词痴迷。“于是又像迷症似的向多方面搜寻词集、词话之类。结果,种下了我对词喜爱最深的根子,一直到现在。诗,词,曲的爱好,像走马灯一样的萦回在我的心头,但,总是爱词的程度最深刻!”

谨以此文缅怀周汝昌先生。

“工商宜纪富民史”

史巧玲

作为历史悠久的实验中学(工商附中)走出的毕业生,周先生一直是学校的骄傲和自豪。这不仅仅是因为他在《红楼梦》研究中所取得的令世人瞩目的学术成就,更在于他老人家一生勤学善思、淡泊名利,将毕生的精力和智慧才华都献给了中华文化的传承事业。

我们忘不了,学校80周年校庆时,年近九旬的周先生撰文回忆在学校上高中时的经历,文中抒发了对母校老师的感恩之情。他嘱咐青年学子:“应当珍惜,应当努力,不负母校的培育,使自己成为一名有用的人才,为中华民族、国家兴旺而争取更多的荣誉。”他将自己当年在校读书时的三件纪念品珍藏至今,每每看到这些“平生学历程途上的痕迹,十分真实而亲切”。这三件宝贝，一是毕业证书，上面贴的照片留下了他青年时期的面影；二是毕业纪念册，这是当年同学自编自印的，内容颇为丰富，其中有他的词曲和墨迹，代表着那个年代的精神面貌；第三件是一枚银戒指，正面长圆形，有花边，花边内有“工商”二字，内面刻有“周汝昌”三字，还有当时首饰店的印记。周先生回忆说，“当时印纪念册和制银戒指，一共才收了两元钱。”母校 80 周年校庆时，周先生还作了一首诗：

津沽振铎念前修，
七二春波八十秋。
驰道马场存旧址，
英才骏影树新猷。
工商宜纪富民史，
实验方以报国筹。
胜业辉光逢盛典，
长怀绛帐溯风流。

我们忘不了，学校 85 周年校庆前夕，已是 92 岁高龄的先生又撰文《寸草怀思》。文中，先生把母校比作“慈母”，把自己比作一株“小草”：“慈母真乃三春之日照，抚育了我这小草的生长以至健康独立，成为艳阳美景之中一个小小的成员。”周先生感叹：“我这小草的能力如此微薄，又如何能报答慈母那春恩浩荡呢？”他说：“作为一位校友怀念母校之恩岂不也正是天涯游子因凉风天末而加衣，就想起慈母的恩情了吗？”为此，先生欣然作诗一首以诉衷肠：

天涯桃李竞芳菲，
回首艰难国步危。
今日英才逢盛世，
故园相聚报春晖。

周汝昌与《海河柳》

刘国华

当我听到红学泰斗周汝昌先生于5月31日①仙逝的消息后，说什么也不敢相信。因为4月13日我还到北京为周先生祝寿呢。那时周老谈笑风生，询问我们家乡咸水沽镇同乐高跷老会、法鼓会的合作是否恢复？当得知不仅恢复合作还在节假日踩街演出时，周老开怀大笑。老人家还与我们讲了旧时咸水沽，“大驾”皇会曾得乾隆皇帝的御封，每年的农历四月二十八去药王庙进头股香拜庙的故事。

我和周老同乡，老人家长我21岁。周先生的大名我心仪已久，只是无缘相见。在2004年津南区“周汝昌红楼梦学术馆”开馆仪式上，我与周老第一次晤面。我把拙作《古镇稗史》敬献给周

① 指2012年5月31日。

老,希望能得到批评指正。周老回京后一周内即回信给我,承蒙周老错爱,先生对该书给予了较高的评价。当年津南区文化局为该书召开了研讨会,会前周老邀我去北京周宅面谈。周老除了鼓励,也肯定了《古镇稗史》的历史价值,还把他在研讨会上的书面发言稿交给我,该书再版时周老写了序言。2005年天津市历史文化保护促进会、艺术研究所、群众艺术馆召开了《古镇稗史》研讨会,会上播放了周老的录音发言。

从此我与周老结成了忘年之交。以后每年赴京两次,一是为周老祝寿,一是春节时给周老拜年。其间,我为自身供职的《海河柳》杂志向周老约稿,老人家不仅同意连载其作品,而且不要稿酬。几年来周老还专为《海河柳》寄来他歌颂家乡歌颂祖国的几十首诗词作品。每当《海河柳》有重大活动,周老年事已高不能赴会,但均派其子女参加。还带来了为会议题写的诗词、对联、《红楼梦》知识问答题与后学晚辈互动。奖品多是周老签名加印的新作。

津南的晚辈学子们,从拜读周老研红著作以及诗词作品中,不仅得到了广博的知识,更学到了周老严谨的治学精神,热爱家乡热爱祖国的高尚情操。这些无疑是对故乡晚辈人生境界的润泽和提升。

今年[①]3月26日《海河柳》第六届新春联谊会,周老还寄来

① 指2012年。

贺诗:“六届联欢盛况多,烟笼新柳傍春波。谁言故里无甜水,味美从来似御河。壬辰三月初三蟠桃盛会之时周汝昌口述于京城。”

4 月 13 日,我与沽帆诗社几位同仁赴京为周老祝寿。周老把他的新作《寿芹心稿》赠给我们,并亲自签名盖章,这是周老为故乡晚辈题写的绝笔!

值得庆幸的是,2011 年底《海河柳》编辑部把周老几年来在《海河柳》发表的诗词作品汇编成册,题曰《不可忘却的文缘·周汝昌与海河柳》,并在 2012 年元月召开了首发式。其子周建临先生代表周老朗读了为首发式题写的诗词。

周汝昌先生与杨柳青

刘 红

95 岁高龄的著名红学家、古典文学专家、诗人、书法家周汝昌先生于 2012 年 5 月 31 日凌晨 1 点 59 分逝世。先生痴心红楼,真的一梦不醒了。按照先生遗愿,不开追悼会,不设灵堂。在我们强烈恳求下,才再次走进先生生前的居所北京脂雪轩,和这位慈祥老人做最后的道别。

先生情系天津,对古镇杨柳青也情有独钟。每次到先生家中拜谒,先生总是饶有兴致地提到杨柳青,喜欢杨柳青的风,喜欢杨柳青的水,喜欢杨柳青的树,喜欢杨柳青的画,还喜欢那勤劳朴实的御河人家。先生知道我在杨柳青工作,又喜欢古典诗词,曾赠佳句:“柳韵诗怀”。

“对于杨柳青我有深厚感情!”先生动情地说。在《今晚报》副刊登载的文章中,先生多次提到杨柳青。他说他的出生地叫咸水沽,杨柳青和咸水沽都是雍正年间由静海县划归天津府,天津原来没有府,雍正年间才设立地方官衙。最有趣的是先生上中学时说的是咸水沽调,所有同学都说他是杨柳青人。那时先生还没到过杨柳青,嘴里的调却是杨柳青调,这是什么意思呢?因为无论是咸水沽调还是杨柳青调,都是静海调,都有着浓厚的亲缘关系。

抗战时期,先生徒步到南京,去国民政府请愿。走了一夜,休息的地方就是杨柳青,先生回忆说:"当时杨柳青垂花门很讲究,有一群小孩来看热闹,有小男孩、小姑娘,其中一个小姑娘比较大一点,身材比较高,穿着红衣,可能她就会画杨柳青年画,就是那个白俊英吧。你可知道我对杨柳青年画那个感情,是从小受了母亲的影响,我们家里也贴过,后来我和我四哥在北京工作的时候墙上还贴着一张杨柳青年画。你就知道我们哥们儿对杨柳青年画的那种喜爱,是难以形容的!"

先生曾作诗赞美杨柳青年画:"杨柳青青似画中,家家绣女竞衣红。丹青百幅千般景,都在新年壁上逢。"

为什么杨柳青年画这么讨人喜爱?先生给出了他心中的答案。他说:"杨柳青年画是天地间一股灵秀之气,恰就聚在天津杨柳青,产生了那种极其精美的中华独有的艺术,杨柳青年画吸引我的不是现象,而是它扑面而来的灵秀气,这在别处是找不到的。"

先生喜欢年画,还专门为杨柳青木版年画节赋诗四首:

一

柳青年画照津门，史迹东京溯梦痕。
驱向燕山百工技，丹青雕刻落金村。

二

古镇风光富枣梨，千株好木最珍奇。
雕成万象丹青美，长驻人间话诗语。

三

年画何书议论精，太君刘姥坐桥亭。
大观谁赋芳园号，艮岳修来已半成。

四

柳色含青年画开，津西盛会万人来。
庚寅腊鼓声声响，正喜迎春纪好怀。

“我为杨柳青成立诗社而高兴！”这是周汝昌先生听到古镇杨柳青要复兴古典诗词文化，成立杨柳青诗社时说的话。

那年王焕墉先生提议在古镇杨柳青成立诗社，得到了周汝昌先生的首肯。我们专程赴京向先生做了汇报，先生听后很高兴，为我们诗社的诗刊起名《杨柳风》，并欣然赋诗：

万家栽柳柳青葱，柳色依依度好风。
柳若无风亦无态，风因度柳即传踪。
风情柳意年华美，柳丝风片气和融。
杨柳风中人绘画，灵心妙手胜天工。
雕印年画张素壁，指点楼台乐翁童……

此后，先生一直关注诗社发展，每逢诗社重要活动，总要赋诗为贺。每到家中拜谒，总给我们鼓励并答疑解惑，耐心细致地为我们解答一些古典诗词问题。例如：关于诗词的韵律问题，周老说："诗词是我国历史悠久的传统音乐文学样式。诗词的音乐性都存在诗词的格律中。因此古典诗词不能没有格律。现在年轻人掌握不好官韵，官韵就是平水韵，这个韵过去是科举时用的，现在年轻人作诗可以把诗韵放宽，这样可以避免伤他们的积极性，以后慢慢再用平水韵也不迟。"先生治学严谨，对后学也倍加提携关爱。

写到此，不禁潸然泪下，老人家和蔼可亲的目光萦绕在我的眼前，"仙风诗骨应难老，笑语真情共一楼"，此情此景已不复存在，更多的是老人家给我们留下的宝贵的文化财富。先生一生清贫，脂雪轩中除了书还是书，默默地散发一股幽香，让人永远忘不了。

周汝昌先生与地方志

郭凤岐

周汝昌先生生前关心天津文化。对水西庄文化的研究，其“想法和愿望，怀之已久”。在先生的倡议下，1992年3月28日水西庄学会成立，先生作为顾问，并发来《书面贺词》：“喜幸之怀，自非片言可表。”先生亲自参加水西庄学会的活动，讲了重要意见。我是水西庄学会副理事长，第一次与先生结识，先生的渊博知识，使我顿生敬仰之情。三十多年来，先生撰写了大量水西庄的文章，精辟论述了水西庄文化定位，其文化含量“是高级次的”。先生对水西庄的发掘、研究，给予了很高评价，认为这是红学研究的突破性进展，并首肯了水西庄是《红楼梦》大观园的重要原型之一。

先生关切天津志鉴。2000年5月28日，我拟请周先生为

《天津区县年鉴》和《地方年鉴基础知识选编》作序，写了一封求序信，附上序稿。一周后，先生寄来了三千多字的大序，且序言的前半部分，完全是自己新写。先生时年八十多岁，身体康健、精力充沛，但是视力较差，是使用放大镜，一个字一个字地把序写完的。先生说："只核定了前半部分(实际是重写)，眼就看不见了(双层放大镜……)！请先照排，然后给我一份放大的校样，以使复决为要。"令人感动至深！呈送大字稿本后，先生进行了反复推敲，一字不苟。其严谨的治学精神，堪称表率。先生虚怀若谷、谦虚恭谨，表现了大方之家风范。

此后十多年间，我先后五次进京拜访先生，并多次信件来往，结下了深厚的师生情谊。

先生关爱天津志人。**2001**年春节，先生**83**岁高龄，视力减退，赠我珍贵墨宝："志林英彦 郭凤岐先生 沽上周汝昌 (印章)"，使我受到极大鼓励和鞭策。在向我谈起墨宝时，先生兴奋地说："人家不会相信这是没视力人所写，你们可不要看轻了(指墨宝)。写那么好，要得利于天时、地利、光线、心情。这两年视力下降很快，现在要写，写不了了。有时写小字，把周字的'口'写在了外边。很多人要我签字，都签不了，几乎每天都有这方面的来信。"先生并嘱咐："把字画要裱好。"

我把《天津区县年鉴》和《地方年鉴基础知识选编》呈给先生，书中有先生的大序；还有《天津大辞典》《天津通志·旧志点校卷》(上中下)。先生看后高兴地说："你们很忙，出了这么多书，不容易,不简单。"并连连称赞:"好,好!"还说:"人才最为重要,不论什么政策,都要人去执行。天津如不是郭公,旧志点校也弄不出来。" 我马上解释:"您老过奖了, 这是很多人共同的心血结晶。"先生并对志书讲了精辟见解:"志书要重视人文内容。"这个意见,切中新编志书要害。此后,我们强化了志书人文内容记述,在全国受到好评。

先生还爽快地说:"《今晚报》办得好。你们要同《今晚报》合作,把《今晚报》副刊《天津卫》专版的文章出成单行集子。"周汝昌先生对我们谈起怎样做学问, 他说:"做学问, 不但要占领资料,还要有悟性。要培养自己的悟性。"并举了字音音变的例子说:"张各庄,就是张家庄。因为南方有的地方把'家'说成轻音的'各'。"还语重心长地说:做学问"不但要专,还要知识面广。做杂家很不容易,知识面多了,各个点容易一点就通,融会贯通"。

当我送上拜会先生的照片时, 先生用放大镜一张一张地仔细看,并不住赞许:"照得好,神态笑貌很自然。这要感谢西方发明照相机,要学习西方文化。我们祖先也很聪明,做事也很讲科学,不要看不起我们祖宗。'天圆地方'就很科学,谁说不是科学?"说到这里,先生开怀大笑。

中午了,考虑到先生的身体,我们有辞别之意。先生说:"我们一见如故,海阔天空。"并满怀依依不舍之情说:"舍不得你们走,与你们见面太少了,不方便。"并送我们到单元门口。

先生时时关怀着我。除了信件之外,2006 年 11 月,还让韩吉辰代问我说："郭凤岐先生文甚好。请代问：南查起家，是否也与盐业有关？盼赐回音。"我即撰写了《南查以盐致富》一文，寄给先生。

先生的仙逝，使国家痛失一位红学泰斗、文史大家；使我们痛失了一位可敬、可爱的导师。先生走了，其音容笑貌，时时浮现在我的眼前，永远铭刻在我的心中……

白雪歌残梦正长
——缅怀周汝昌师

赵建忠

“昨夜西风凋碧树，独上高楼，望尽天涯路”“衣带渐宽终不悔，为伊消得人憔悴”“众里寻他千百度，蓦然回首，那人却在灯火阑珊处”，这是晚清国学大师王国维概括的“成大学问者”的三境界，他自己就以悲剧命运承担者身份成就了这个永恒的话题。王国维之后，陈寅恪、钱锺书、季羡林、任继愈、周汝昌等学者仍痴情苦苦守望着中华文化，在这条充满荆棘的治学道路上，前赴后继，执着追求，即使骨瘦形销，亦终不反悔。

周汝昌近日的离世让文化界又一次拾起这个传统话题。翻遍两百年《红楼梦》研究史，有谁能为了一本书痴迷耗上 65 年精力？又有谁宁可不过自己的生日却坚持每年要为曹雪芹做寿？周公解梦，独上红楼，对《红楼梦》研究中涉及的曹学、版本学、脂学、探佚学各个分支均有独到见解，一生出版了数十种红学专著，可谓做到了“著作等身”，正如作家刘心武形象比喻的，周汝昌构建的红学体系是“半个世纪一座楼”。但又有谁能想象出，这些丰硕学术成果是在没有装修的昏暗陋室餐桌兼写字台上完成，尤其晚年竟是在双目失明、听力很差的身体状况下完成的！即使到了生命的最后一周，他还计划再写本《梦悟红楼》的书，连“大纲”都列出了，然而，对于一个95岁高龄的老人来说，生命的能量再也跟不上去了，他耗到了“蚕丝尽、蜡泪干”的程度，滴泪为墨，研血成字，只有对《红楼梦》宗教般的虔诚意志，才有可能做到这一点，可以说，周汝昌为《红楼梦》献出了一生。

常听人们叩问：为什么我们的时代难以造就出大师？“大师”是不是靠某种体制就能速成，这个暂且不讨论，但我却知道清华大学前校长梅贻琦提出的“所谓大学者，非谓有大楼之谓也，有大师之谓也”的著名论断。同样的，真正大作家、大学者的传世之作，往往是在寂寞清寒中完成的，所谓“文章憎命达”，曹雪芹恰是在“举家食粥酒常赊”的困厄环境下经历了十年辛苦。《红楼梦》精神的最高境界就是启迪人们打破迷关、克服过度物欲化导致人生价值观念的偏离，周汝昌不愧曹雪芹的知音，也是苦行僧式的“解味道人”。而生活于当下社会的某些“学者”，常常忘记了追问生命的本源和意义，沉迷在物欲和虚幻的光环中难以自拔，这样的“富贵闲人”怎么可能成为“大师”呢？

周汝昌带着未竟的红楼书稿走了，这位红学巨匠辞世造成的空白，中国红学界不久的将来就能感觉到。红学家的周汝昌自然也不是他一生的全部，兰亭辨伪、红楼悟真、诗词赏会、京剧曲艺、英译《文赋》……构成一道道亮丽的文化风景线。他那疲倦的身影将永远屹立在有良知的中国文化人心中，“白雪歌残梦正长”，以《红楼梦》为代表的中华文化也必将永远传承下去。

红楼有缘人怀旧，

青埂无情墨写新。

谨以此短文缅怀周汝昌师！

哭恩师周汝昌先生

邓遂夫

我的恩师——当代红学泰斗、国学大师、诗人、书法家周汝昌先生，在北京家里安详地去世了。虽说他享年已至95岁高龄，早就入了寿星之列，但此噩耗传来，仍像一声晴天霹雳，把我震得半天回不过神来。

此刻，我真后悔去年不该离开北京，回到故乡自贡待了这么长时间。

记得离京的前一天，去年[①]6月29日下午，我去看望周先生。刚进门，周先生的女儿伦玲贴着他的耳机大声说："邓遂夫已经来了！"他抬头"哦"了一声，用近乎全然失明的眼睛茫然四顾。我赶紧上前握住他枯瘦白皙的双手，也贴着耳机高叫："周先生，

① 指2011年。

我好想你！”他歪着头大致听明白后，带着他在兴致极高时特有的笑声说：“我也好想你呀，遂夫！”还没谈上几句话，他就连声地呼叫伦玲“把书拿来”“把录音机拿来”“把照相机拿来”。

书，是指他签好了字要赠我的两部书——1953年初版《红楼梦新证》的影印线装本，和一部为了祝贺周先生九十华诞而编辑出版的海内外学人和师友评论周先生及其学术成就的文集《似曾相识周汝昌》（里面也有我一篇《周汝昌先生印象》）；照相，倒是这些年来我每次去都要特别安排的；录音却不一样，是最近的一两次探访才新增加的内容。

现在回想起来，最让我伤心的是临别时的情景。就在我们谈得正欢时，我见时间不知不觉地已经过了将近一个小时，怕周先生虚弱的身子承受不住太长时间的交谈与兴奋，赶紧跟伦玲和建临（周先生儿子）说：“我得撤退了，不能让周先生太累。”伦玲等表示赞同。然而当我告诉周先生，说我要走了，还得回去收拾收拾东西，明天就动身了，周先生忽然失去了笑容，一把拉住我的手不放，似乎有点“异样”地问我：“遂夫，你要多久才回北京哪？”我说：“大约半年左右吧，尽量争取早一点回来。到时候我会提前告诉伦玲他们，一定先来看你！”

我分明感到周先生的情绪中，流露出明显“不舍”的意味。这是我多年来从没见过的情形，不免有几分暗暗的伤感。但我依然不露声色，故作轻松地岔开话题，要他好好保重身体，每天尽量多吃点东西。然后就请伦玲等赶紧把周先生扶进卧室休息。

殊不知,此后由于我在故乡被各种杂事缠身,一拖再拖,并没有如期返京。竟连周先生弥留之际,身体极度虚弱的最后日子,我也一点不知情,未能履行要尽快去看他的诺言。

这将成为我终身的悔恨和永难疗治的伤痛。我真是万万没有想到啊,周先生紧紧抓住我的手不放,急切地追问我何时回京的瞬间,竟成了永诀!

呜呼!痛哉,惜哉,哀哉!

敬爱的周汝昌先生,安息吧!

乡情浓浓

王 敏 长 奎

周汝昌先生出生在天津七十二沽的咸水沽。他看“故乡是一部读不厌的书”,对于津门的事怀有深厚情感。1986年尘封多年的天津天后宫与宫南宫北大街同时对外开放。宫南的一个公园紧紧贴靠天后宫而建,请周先生为公园命名,先生欣然为公园题写匾额“宫南墅苑”。从此我们与周先生相识了。

周先生说自己祖上是何“身份”呢？用乡里的话,叫“养大船的”。有两三艘大木船,叫海船,航行于渤海、黄海、东海运送东北米粮、木材之类的特产。他说自己是闻着船板的木香长大的。由于海上航行多有风险,要靠老娘娘保佑,因此他幼小就和妈祖娘娘结下了缘。周老在天津的朋友很多,有学者,有艺术家,有医务工作者,有领导干部,也有普通的工人和农民。在我印象中每年春暖花开，天后宫南北配殿前的海棠树刚刚开过，周老总会来到天后宫。赶上“老娘娘”过生、宫里出会，老人家会兴奋得闭不上嘴。你不用给他介绍，这是“西头京秧歌百忍老会”“八蜡庙高跷老会”还是“同音法鼓会”，听器乐响声他就能判断得八九不离十，叫上会名。周先生说自己祖上留给他一份厚礼，对书画音乐敏感度有遗传。当老人捂起右耳，侧首听着花会队伍的表演时，你会感到他听到的不仅仅是当下的音谱而是久违了的乡音。他饶有兴致地向我们介绍：“当年出皇会宝辇里坐的是一个金脸穿蟒衣的娘娘，慈祥庄严。天后宫有自己的护驾队叫‘扫殿会’，还有‘华盖宝伞会’，大园的‘鲜花老’会……那盛况真是万人空巷呀……” 那一年周老来天后宫正值纪念天后诞辰 **1038** 周年，当时河北的一道法鼓正在大殿越台上“设摆”表演，周老走上来，我们本来要和会头介绍一下，被周老制止了，他要了一把椅子坐下来，边听边摇动身体，双手还不住地打着节拍。表演完毕周老站了起来说：“简直是太美了！”随后周老叫乐手们把乐器一件件递到自己手上，不断击打着，而后周老意犹未尽地说：“是不是新乐器太多，合奏起来，有点火气。”还说有机会再听一听河西挂甲寺的法鼓。

周老 **1996** 年在纪念天后诞辰庆典仪式上，深入浅出地讲，天后宫内的五位娘娘都与天津人的生活风俗有不解之缘。天津人有两位母亲保佑，一是海河，是母亲河，一是天后娘娘。我们至今还清楚记得当周老讲完这句话时停顿了很久，直到在场的市民响起了如雷的掌声。

周老对天后宫发展的深情厚谊，是出自对家乡的热爱，对家乡似梦还真的眷恋。他先后为天后宫古戏楼、张仙阁、正殿抱柱留下墨宝。**1997** 年天后宫殿前妈祖泉、普济泉重新开浚后，甘洌的泉水由天后娘娘座下的泉眼流向两个新井。在北京的周先生看到报纸报道，赋诗一首：

青龙留照两瞳回，
宝殿琼墀左右开，
圣座迎霞朝日月，
神波潜润来楼台。
钗光士女香烟盛，
帆影华洋贸易来，
胜迹灵奇应有纪，
津沽诗赋魏王才。

而后的几年，年近九十的先生很少来津，“乡亲”也不轻易去接了。但是往来信息不断，特别是周先生一有新作，总是先给我们寄来几本签上某某乡友正，短短几个字使我们感动不已。

每年春节前夕和八月十五前，我们会相约去京给周先生拜年、道平安。每当我们推开二楼的房门，总会听到周老伯母或是三姐的大声呼喊，一口天津口音：“天津老乡看你来啦！”周先生把大家招呼到身边，根据不同身份，问一两个问题。总会谈到天后宫近况，并滔滔不绝地讲起天后宫的故事。有一个故事我们听了久久不能忘，周先生说他小的时候，年关时他家院子里立起几丈高桅杆，用几丈红绸系在一个龙头上，升到杆顶，叫作点“天灯”。任风吹拂，预示一年海上平安吉祥，求老娘娘保佑出入平安。这一段魂牵梦绕的故事，正是在天地人之间传达了一个爱字。这是周老对乡亲的祝愿。

前去看望周老，礼品是先生“钦定”的。每年我们都带上正兴德茉莉花茶、大梨糕、杨村糕干、泥人张小作品，最重要的是天后宫刻的剪纸、窗花、肥猪拱门，还有天后宫红腰带。我们将这些东西一一递给老人家时，他都会紧抱在怀里，许久许久。这是周先生最高兴最快乐的时刻……

今年[①]春节来得早，我们很早就去给周老拜年。刚刚病愈的周老看上去有些疲劳，但依旧那样慈祥，那样淡定，那样热情，那样有风度。这是我们见到周老的最后一面。在回津的列车上我们接到三姐的电话，说周先生看过礼品，唯独不见天后宫吉祥红腰带。回津后我们赶紧寄去，很快收到三姐的信息：“吉祥腰带收到，周老笑了……”

如今，周老走了。他留给家乡人民的一份厚重的文化遗产，将永远扎根于津沽大地。

---

① 指2012年。

咸水沽周家花园

周贵麟

清末民初的时候，咸水沽镇傍临裁弯取直前的老海河东南岸，是航运交通要冲。咸水沽西头的周锐、周铜兄弟俩，早先在镇上东头大户韩家船上做事，后来挣得自己有了船，发起家来，逐渐成为镇上的“名门望族”。这就是著名红学家周汝昌的祖父一辈。周锐是周汝昌的叔祖父，周铜是周汝昌的祖父。

周家有一处存柴草的地方，周铜把柴草旁原有的高柳古槐都利用起来，再由旁边的“吃水坑”引入一条东西走向的小溪，横贯“柴火园”中。这地方原是古海河的淤积之地，黄河也曾由此入海。土壤肥沃，水土得宜，种什么都长得极好。周铜又在园中垒石栽花，添了“建筑”。一座跨溪小桥，一个傍东墙小土丘的亭子，一座双层小木楼，还有花窖杂物屋等。后来经营成了绿意葱茏的花园。海河裁弯取直前,从大沽口来的洋货轮船上的洋人,见其景色,都举起照相机拍照。

周汝昌曾有过回忆:“我几岁时,母亲就常给我讲园子的旧事,令我神往。祖父逢园子里鲜花盛开时,总是把全家各院的闺女、媳妇们叫去,踏青赏花。虽然住宅和花园近在咫尺,但必须要穿戴整齐,一点也不能马虎。当年那样的衣裳和梳妆,你哪里知道、见过?那一大群人真是花团锦簇,祖父看见我们来了,高兴极了,带着我们一边游览一边讲解这叫什么花,那是什么树。这样的游园景象,真像《红楼梦》里群芳游春似的。”

花园中的小木楼上层供奉的是文昌与魁星。楼原无名,后有到沽的一位文士赠“爽秋楼”三字篆额,并有小记,刻为木匾。楼内又有一个横长的手卷式木匾,是大沽胡云麟篆、隶书,并亲手镌成,匾头是“旭升”二篆字。木联刻有史可法草书的“斗酒纵观廿一史,炉香静对十三经”等。

周家一族,辈辈出音乐能手,几乎人人都会一种乐器。每逢夏日晚凉,弟兄子侄聚在一起,笙管笛箫,丝弦钟磬,登楼合奏起来。这时,悠扬的弦管歌唱之声,缓缓地弥漫在老海河的上空,四邻乘凉的人们,如闻仙乐,真有人间天上之感。

海内外闻名的大词家也都为此园留下题咏。张伯驹先生《风入松》云:“门前春水长鱼虾,帆影夕阳斜。故家堂构遗基在,尚百年、乔木栖鸦。寂寞诗书事业,沉沦渔钓生涯。”顾随先生《临江仙》云:“何时同上爽秋楼,苍茫云水外,烟树两悠悠。”寇梦碧先生《渡江云》云:“争夸。春晖第宅,秋爽池台,看千畦罢亚。”

2001年春,周汝昌墨书《忆旧园》:“一湾春水满园花,笙管傍蒹葭。爽秋楼上人如画,隔回栏、帆影交加。西畔虹梁驾彩,东头古渡流霞。芳邻蒲扇坐听他,往事说周家。”2003年腊月,周汝昌再赋《风入松》:“春晖秋爽旭升熹,故里旧园西。海棠泛彩红颜好,渡小桥、高阁临溪。栏外帆樯夕影,墙边罢亚晴畦。”

“爽秋楼”如今虽已荡然无存,但古镇的人们并没有忘记,时常还会提起。

周景颐的书法作品

周贵麟

周汝昌先生百年诞辰纪念之际，周汝昌红楼梦学术馆收到了一份珍贵的捐赠——收藏家车志强将其收藏的周汝昌之父周景颐的书法作品，无偿捐赠给该馆。

周景颐(1879—1952)字幼章，别号抚槐老人，原名周梦薪。清代光绪末科秀才，天津咸水沽镇人。“景颐”是专为参加科举考试登录榜名而起的大名，内含崇敬北宋先贤周敦颐之意。祖上为海河船户，其父周铜(字印章，别号了俗道人)，清末捐同知衔，酷爱戏剧、音乐、书画。曾将原先堆放柴草的“柴火园子”，改造成海河下游一处颇不俗气的小型园林，园中建有一座木质的二层小楼，题名“爽秋楼”，又名“旭升阁”。周景颐育有五子：长子震昌、次子祚昌、三子泽昌、四子祜昌、五子汝昌。四子、五子毕生从事红学研究。

周景颐平生热心扶持民间文艺，把很大一部分精力投入到文化教育事业。每逢年节，高跷、秧歌、龙灯、法鼓等种种活动，他都亲自主持。当时周家的威望在地方上是很高的。周景颐还是镇内唯一一所小学的校董，经常为校产收入经营设计，殚精竭虑。

在故乡一带，周景颐的书法名气不小。一年到头，求字者络绎不绝。周景颐从欧楷入手，笔墨功底极为扎实。后习行书，则迷上了苏东坡。晚年则学赵子昂《织图诗》草书墨迹，喜其草法简古。

周景颐平生最擅长书写朱柏庐的《治家格言》，也擅长题写牌匾大字的"榜书"。前者是由南纸局用玉版宣纸裁成四扇屏的规格尺寸，用朱丝栏画好方格——全文字数是一定的。书写照规矩是正楷，一笔不苟。周景颐是"默诵"书写，不看原文，《治家格言》一气呵成，神完气足。没有真功夫，很难做到。

"榜书"牌匾大字，最小也有五尺见方，用大抓笔，需整瓶墨汁倒入大墨盒中加研。周景颐身材中等，但一拿起大抓笔，濡墨蘸饱，如成竹在胸，那字一经写出，结体神态，无有挑剔处。晾在平地处还不太明显，一经刻木高悬，再一仰观，这才见"真格的"，见者无不赞叹。至今，一些老人还记得，民国时的"天津县中心小学"的校名即是周景颐"榜书"题写。该校原址在咸水沽镇五街，有教室五间，于1940年建立。

笔者曾见到周景颐的三幅墨迹。一是20世纪80年代初期，我的长兄得友人之助，购回一套四扇屏《朱子治家格言》，所惜字体略小，已收录在津南区政协 2001 年主编的《津南区书画集》内。2009 年，蒙周伦玲告知，笔者与收藏家车志强先生相识，他数年前收到一卷四扇屏书法条幅，署名周景颐。四张条幅所书为一组古诗，字体为行书，笔致遒利，风神夺人，这便是此次捐赠的书法四扇屏。2010 年，又得机会拜观周景颐手书的另一套《朱子治家格言》四扇屏，这四幅书法条幅装裱在巨大的长方形木制镜框内，字有方寸，饱满遒劲，落款有“周景颐”“幼章”“乙丑”字样，推算应书于 1925 年。条幅前上方钤有“藤阴斋”三字长方形印章，此为我有生第一次看到周景颐的书斋名章。据周汝昌先生回忆：周家老宅曾有两株古藤，树龄恐怕至少超过三百年，估计是明代所植。这边是“藤阴斋”斋名的由来。周家的“藤阴斋”当时还是请大名鼎鼎的南海康有为书写的。

另一位红学大家

尹树鹏

人们都知道咸水沽出了红学大家周汝昌，然而他的四哥周祜昌也是一位红学大家。他是毕生帮助周汝昌完成红学大业的第一助手,因为他始终在幕后工作,故又是一位不出名的大家。

周祜昌生于1913年,在南开中学师从首席语文教师孟志荪六年，受其文学学养的熏陶，立志考入北京大学国文系继续深造。遗憾的是,因偶发事故而两次失去机会,最后转在南开大学国文系就读,于1935年肄业到浙江兴业银行就业。天津沦陷后于1943年回乡,先后在港口和海关工作,并承担起弟弟读书的费用。

周氏兄弟的母亲自学识字,嗓音甜美,能吟诵诗词,常教孩子们带着感情吟诵名诗名篇。她有一部从娘家捎来的线装《红楼梦》,经常把许多含有《红楼梦》人物情节的绘画故事讲给孩子们听，使他们很小就知道了这部经典名著。在母亲和兄长的影响下,周汝昌从少年时代就对《红楼梦》这部书产生了浓厚的兴趣。

1947年,在燕京大学读书的周汝昌从胡适先生处借到存世孤本甲戌本《石头记》抄本和大字版戚序本《石头记》,还借到了陶洙先生提供的庚辰本《石头记》照相版。暑假期间,兄弟二人对三个版本进行了研读，第一次感到市面上通行的一百二十回本《红楼梦》的后四十回违背了曹雪芹原著的本意。从此二人就走上了搜遍各种版本逐句进行校勘，恢复曹雪芹原著本意的艰难历程。他们不是机械死板地校勘,列出异文,而是从多元的对比中判断真伪、是非、高下、优劣、精粗,去识别,去比较。

1961年北京图书馆收了一部新抄本的《石头记》,周祜昌此时是津南区商业学校的英语教师,他冒着酷暑赶到北京,每天怀揣干粮开门便进,中午在阴凉处以干粮开水果腹。下午开馆头一个进馆抄录,整整一个暑假,把新收的这本蒙古王府本所有的异文和独到的墨笔侧批,全记录下来。此后,周祜昌把所有寒暑假通通利用起来,在四年时间里,校毕了"梦觉""己卯""程甲""杨藏"等重要抄本。1965年、1966年两年,在"四清""文革"两场政治运动的重压下,露钞雪纂,全力做出了大会校本,共为八十巨册,摞起来几可等身。向不惹人注目的小人物周祜昌,"文革"中被打成"反动文人",被抄家数次,不仅大会校本被抄走了,所有书籍手稿、巨册零笺也荡然一空。

改革开放以后，周祜昌在落实政策的过程中艰难地索回了一些残存的稿本，好在其弟汝昌还保存着众多原始版本。二人又从头做起，1988年《石头记会真》完稿。1991年，兄弟俩在北京相聚三个月，为《石头记会真》正体例、制按语。周汝昌很感慨地写道："因底子屡抄屡改，清不起来，又没法请人代举，只得自手黾勉以赴……含辛茹苦四十年，弟兄俩都已如风前残烛，该是事业上画句号的时候了。"此书在有识之士的支持下得以出版，更多的人也由此知道了周汝昌的四哥周祜昌，这位为红学研究做出了巨大贡献的学者。

一生痴迷一件事

刘虎臣

1948年暑假，在“燕大”读书的周汝昌，把从胡适先生手中借到的甲戌本《脂砚斋重评石头记》带回了咸水沽。这件事看起来再普通不过了，却成就了红学家周汝昌，也让周祜昌痴迷“红学”一生。

这本小册子只有十六回，却使哥儿俩深感惊诧。无论内容、文笔、学识，抑或表现出的目光、胸襟，与市面流行的俗本不同。怎么回事？哥儿俩同时产生了揭开谜底的渴望。周汝昌先生说，是哥哥祜昌“将我引入了研究《红楼梦》这一巨大无比的中华文化课题上来的”。

后来几十年“研红”过程中，限于天分、学识、才能和机遇都不如汝昌，祜昌先生对自己定位很准：弟弟统管全局，自己做辅助。弟弟的论文，他不言声就工楷誊清（弟弟很不落忍，哥哥却说这样做他乐在其中）。弟弟远调四川，出版社要刊印《红楼梦新证》。这部四十万言书稿中的大部分，是弟弟在燕大图书馆研读资料时，用大小不一、宽窄相异的纸条，随手记下的所思、所想、所录。粘贴得宛若僧人的“百衲衣”，任何编辑都难以接受。怎么办？“四十万言的巨著，稿积如山，是祜兄困难中一笔一画工楷抄清的”（汝昌语）。**1974** 年重新整理《红楼梦新证》，扩容一倍，增至八十万言，仍然是周祜昌默默誊写完成的。

《红楼梦》古抄本逐年有所发现，到后来已达十余种，分散藏于北京各个图书馆中。周祜昌抄录、对照起来，更加繁复和困难了。逢寒暑假，他就赴京奔波于各大图书馆。把不同抄本字句的异同录清楚。更难的是，这并非单纯的校勘，周汝昌先生说，是要“从复杂万状的真伪、是非、正误、高下、优劣、精粗……中去识别，去解‘九连环’，去梳乱丝，从百样讹错窜乱中找出雪芹的原文来。这是一种高层次的工作，包括高度文化水平与审美能力。一字之微，也关系着雪芹的头脑、心灵、笔墨、才华、品格的这样的一种高深的课题。这不是儿戏的事，更不是文人雅士的消闲解闷，所谓‘胜于博弈’的勾当。这是一项关系着全民族文化素质的大事”。

津南区政协原副主席陈翟生在悼念周祜昌的文章《老马长途更着鞭》中说：“我在祜老家中看到过等身的手稿。它是祜昌先生耗费几十年的心血与精力，对《红楼梦》甲、庚、蒙、觉诸版本一一核查,字字必校,寒来暑往,露钞雪纂,执着追求的心血结晶……"陈翟老其实并不清楚,其实他看到的所谓"等身手稿",是一场浩劫过去后,祜昌先生拼出老命,重起炉灶新搞出来的。前一二十年日积月累的劳动成果,早在"文革"抄家中片纸无存。

1989年,周家哥儿俩聚首咸水沽,两位老人逐字推敲、排定、取舍异文,十数天夜以继日进行校勘。可惜只完成了27回,周汝昌便回北京了。1991年祜昌最后一次到京"校红",回来后便中风病倒,1993年溘然长逝,终未能看到自己辛苦一生的心血结晶——《石头记会真》面世。为此,周汝昌痛楚地写道:"他的后半生,可说就是为了《石头记会真》而奋斗到底的。"

在汝昌和女儿伦玲努力下,2002年,《石头记会真》终于印刷出版,当样书摆到汝昌老的案头时,他想到胞兄,不禁悲从中来,成诗道:

"携手从事,誓志唯坚。风雨如晦,至辛至艰。今日见书,五十四年。已喜复悲,展卷泫然。兄当含笑,英灵在天。数语敬告,难到坟前。"

第五部分

今昔生活

渔家绝唱舞婆娑

刘国华

静海独流镇历史悠久，生产的老醋与蒲苇编织的炕席、篓篮享誉津门。津南咸水沽镇是旧时天津八大重镇之一，地处要冲，商业繁盛。过去咸水沽商家通过水陆交通往返两镇，物资交流，互通有无。不仅如此，两地的民间文化也随之相互借鉴。20 世纪 90 年代，笔者采访咸水沽镇民间花会时，发现一道花会《渔家乐》与独流镇有着密切的关系。《渔家乐》表演的内容为打鱼、推碌碡轧蒲苇编织席篓的生活情境。人物有渔翁、渔婆、推碌碡的大姑娘等。伴奏是笙管笛琴、瓷碟锣鼓。轻歌曼舞，美不胜收。

其中，推碌碡轧蒲苇的大姑娘边舞边唱："小奴今年整十八，生在独流老曹家。终朝每日织蒲苇，俺做女儿没修下。"

笔者询问学唱的老人们，咸水沽镇的《渔家乐》里，推碌碡的怎么是独流镇的大姑娘？老人们一时也说不清楚。几经周折，笔者找到当年已经八十多岁的刘鸿儒老先生，他是当初《渔家乐》中渔婆的扮演者。刘先生取出珍藏多年的《渔家乐》手抄底本，并道出该事的来龙去脉。

想当初，有一年将近腊月，咸水沽镇的对槽船装满稻米到独流镇换买当地的土特产品。孰料寒潮来袭，冰封河面，不得行船。对槽船"窝篙"独流镇，只得用马车运回物资。在独流修船的咸水沽工人，有幸欣赏了当地的《渔家乐》花会，回沽后向花会组织述说了《渔家乐》演出的盛况。会头派花会高手李宝河等人亲赴独流镇学习借鉴《渔家乐》的表演。其内容、唱段一字未改，用业内人士的行话，"全部捋叶子"，故而咸水沽的《渔家乐》乃正宗的独流版本。

刘鸿儒先生还讲了当年《渔家乐》在咸水沽的演出情景，非常有趣。《渔家乐》正月沿街演出，在一家门口的广场前撂地耍会。这家的公公、婆婆出院门看会，只剩下儿媳妇贴饽饽做饭。儿媳妇听到锣鼓声，手托饽饽在院门缝偷看。碰巧婆婆回家，儿媳妇一紧张害怕，扬手把饽饽贴在院门之上。

咸水沽出生的红学家周汝昌先生称《渔家乐》的演唱保持着明朝凤阳花鼓的老调。其四兄周祜昌先生也曾赋诗一首，描绘演出盛况：

故里风光此日多，鱼龙曼衍海门波。
高跷戏踩长行点，法曲仙音天际歌。
独流曹家推碌碡，渔家绝唱舞婆娑。
千村万落人空巷，漫说当门贴饽饽。

咸水沽的长途汽车

方 博

海河叠道是天津城区通往大沽海口的交通要道，其历史可追溯至宋辽对峙，此后历代延续。特别是近代以来，为抵御外敌，清廷在大沽口修筑炮台，海河叠道便成为炮台主要的后勤补给及战略支援路线。此后，清军战败，列强入侵，炮台被迫拆除，但津城与海口的联系日益密切，海河叠道的军事意义也逐渐被经济价值所取代。天津城区路段，在原有叠道的基础上修筑了公路，即海大道，也就是现在的大沽路，而其延伸至城外的部分，又被称作津沽公路。在沿路的村镇中，咸水沽规模较大。因此，民国年间在津沽公路上运营的长途汽车，多与咸水沽有关。

20 世纪 20 年代，津沽公路被列为省道，开始运营长途汽车。1926 年 11 月 6 日，上海《申报》上就曾刊登一则题为《津沽长途汽车定期通车》消息。文中写道："天津至咸水沽间之交通，素不便利。凡货物运输，悉赖小航载运，煞费时日。兹有某巨商，创办津沽长途汽车，已得当局呈准备案。现已办妥新式宽敞之汽车六辆，闻已定于十五日开驶，往来天津咸水沽、小站等处。每日上午八时开行，为一班，十一时开为第二班，往来共开四班云。"

此外，在津沽公路上，更为知名的长途汽车运营商还有福兴长途汽车公司。据朱振周撰写的《郝长福与福兴汽车公司》一文介绍：三义庄人郝长福，原是天津八大家之一李善人家的司机。他先是从李家得到资金支持。紧接着，郝长福知道"要跑这条路线，必须得到咸水沽当地人支持"，"就找到祥发油坊的田家义合作"。由此，购置汽车，开办起了福兴长途汽车公司。

福兴长途汽车公司筹办之初，获利颇丰。郝长福就开始筹划独家包揽经营津沽公路运输的业务。经过上下打点，公司于1931年与天津县政府、河北省建设厅签署了包修津沽公路的合同，期限五年，由该公司自行出资，将公路铺筑为炉灰路面，由此也获得了津沽公路运输业务的独家经营权。

在1931年编撰的《天津志略》"长途汽车"一节中，根据当时河北省建设厅的调查，记录了天津城与周边村镇沟通的公路六条，其中即有津沽路。"津沽路，天津至西大沽，经咸水沽、葛沽，(全长)100里，(常行驶车辆)10辆。"这里所说的经常行驶的10辆汽车，多数应归属福兴长途汽车公司。

为避免铁轮车在公路上碾压，会对胶轮汽车的行驶造成影响，福兴长途汽车公司甚至在津沽公路上挖出壕沟，以阻止铁轮车通行。此举使周边咸水沽的百姓叫苦连连，终被告上法庭。败诉后，福兴长途汽车公司每况愈下，终告破产。1935年后，德荣公司接手津沽公路上咸水沽至天津城区的客运业务。没过多久，日商大举进入华北。1936年后，设在天津的满洲铁路株式会社天津事务所便强行控制了津沽公路。“七七事变”爆发后，其更是几乎垄断了天津的交通运输业务。抗战胜利后，津沽公路的运输业务才回到中国人手中。

咸水沽最后的放排人

徐克静

我要讲的是咸水沽最后一位放排人的故事。中华人民共和国成立前在咸水沽西头住着一户姓崔的人家，老公母俩和二儿一女。男主人名叫崔明,五十多岁的年纪,面容黝黑,身板硬朗,为人仗义豪爽。崔明的妹夫在天津东浮桥(现在的金汤桥)旁开了一家木材厂,原木都是从东北营口辽河一带购进,大舅哥崔明负责进木材。那时从营口到天津的货物运输大多是靠水路,崔明便斥资养了一条对槽船，雇用了附近下郭庄的一些人到营口去放木排。

崔明驾驶的对槽船，前节船主要装载放排所用的缆绳、木楔、铁钩、挠子、桐油等,后节船主要是船工们做饭睡觉的地方。每逢出海，还要在船上顺便装载一些本地的稻谷蔬菜等运往东北营口一带卖掉。

海上的生活相当艰苦。海船行驶中，如果是顺风顺水，大伙还有说有笑。一旦遭遇海上风暴，那真是想笑也笑不起来了。有一次崔明的船只行驶到渤海辽东湾时，忽然刮起了大风，不一会儿的工夫暴雨便伴着冰雹劈头盖脸地砸了下来。顿时海上波涛汹涌，险象环生。海船在恶浪中不停地颠簸着，如同汪洋中的一片落叶，伙计们都慌了手脚。崔明虽然心里也有一丝慌乱，但是他脸上并没有表现出来。他一边安抚大家别乱，一边左扳右调着船舵躲避迎头打来的恶浪。就这样崔明凭借着过人的胆量和娴熟的驾船技巧，顺利地将船停靠在了辽东湾李官镇附近的海岸边，一行人化险为夷。

崔明驾驶的船只目的地是营口，在那里他要将预订的原木运回天津。由于当时交通很不方便，所以只能将原木用钩子木楔缆绳等扎成木排从水路运回来。而海上放木排所遭遇的危险比海上行船所遭遇的危险还要大得多。这种放排，没有电影《闪闪的红星》中那“小小竹排江中游”的轻松与浪漫，有的只是搏击风浪、生死攸关的紧张与心悸。只要木排放入水中，那么放排人的命运也就紧紧地系在了那一根棹上。

如果说在海上遇到惊涛骇浪，狂风暴雨是天灾，那么遇到劫匪就是人祸了。有一回崔明他们在放排途中便遇到了这等劫难。那是在辽东湾笔架山一带海域上，忽然从远处传来了枪声。不一会儿就看到一艘大货船迎面驶来。后面紧跟着追来一只驳船，船头站立着几个持枪的莽汉，一边高喊“停下！”一边向货船射击。也算是搂草打兔子吧，当海匪看到旁边避让的对槽船以及木排时，又开始对着崔明他们大喊：“把钱货都交出来！”崔明的大儿子那年才十六岁，吓得两手紧抱着崔明的大腿，跪在地上哆嗦个没完。其他伙计也是面如土色，浑身冒汗。崔明定了定神，忙抱拳对海匪说：“各位爷，我们的钱财都用来购买了这些木头，实在是再没钱孝敬爷了，还望爷放我们一马！”

也许是海匪见崔明的船只的确没什么油水可捞，也许是急着追赶那只大货船，他们胡乱放了几枪后便一溜烟地冲过去了。崔明赶紧扶起了浑身筛糠的儿子，待到崔明直起身子时，只听当啷一声，崔明定睛一看，原来是一颗子弹头，再一看身上穿的十斤白(一种粗布)对襟汗衫的下摆有一个烧焦了的黑点，崔明一看就明白了这是刚才土匪打乱枪时留下的痕迹，多亏了崔明腰里扎的“腰儿硬”阻挡了子弹，没伤着一点皮肉。崔明一看大伙还没从刚才的惊悸中缓过神来，便哈哈笑着对大伙说：“没事儿！有老母娘娘护着咱呢！”

崔明老人在1966年89岁高龄仙逝，可谓寿终正寝。崔明，作为咸水沽唯一一位渤海放排人，也在津南的乡土历史上留下了一抹亮色。

绿色屏障

李治邦

记得以前，天津总会刮风沙，严重的时候头发上都是，回家必须得认真洗澡。大家虽然不是气象专家，但都会觉得是从西边刮来的，刮起来就挡不住。这几年，不知不觉中感到风沙少了，也很少有人问，为什么少了。不久前，我和几个作家去津南区咸水沽采风。有幸乘车去了一趟新栽起来的树林，看到一片青翠，一眼望不到边。咸水沽这个地方就是天津规划到2020年形成总规模约158平方公里的森林屏障，用森林建立的绿色屏障将是对天津生态生活的最高保护，也是支撑起来一把覆盖全市的伞，遮风挡沙。这几年，我总来咸水沽，周周边边的很熟悉。对这片陡然间竖起的森林觉得很诧然，因为原来这个地方都是住宅，或者是沟沟壑壑。陪同我们采风的当地人讲，这片硕大的森林以前是咸水沽的四里沽、李庄子、潘庄、苑庄子和赵北 5 个村，总面积为 6175 亩，约 411 万平方米。可想为了建立绿色屏障，这五个村的村民离开祖祖辈辈的家园，告别养育自己的土地，会是一种什么心境。当然，他们离开了这里就搬进了新楼，住进了能看到更远地方的房间，享受着城市人的文明生活。但毕竟故土难离，那一份割舍是可想而知的。

我们顺着树林的中间小径走着，置身于树木之间觉得很是清凉。天津人对两种景致特别亲切，一个是山。因为只有蓟州有山，所以很多天津人到蓟州是为了看山。再一个就是对树木，俗话说，十年育树，百年育人。天津人总是拿树和人做对比，对树就有了几分自然和亲近。突然看到这么一大片树林子，我们都很惬意，话题就多了。大家在认树，因为眼前的树各种各样，实在辨别不清楚，可见树木的品种繁多。陪同的人讲，这一大片树林子分为外围区和核心区。外围区一般种的都是洋槐、国槐、柳树、白蜡、臭椿等。核心区就颜色十分多样了，层次也分明。大都是矮接金叶榆、金枝槐、太阳李、紫叶矮樱、红叶桃等。我们越走越兴奋，因为呼吸越来越顺畅。负离子的贯通让肺部都活跃起来，导致我们的头脑都晕乎乎的。有了树木，就有了鸟。我们看见鸟儿在头顶上飞翔，甚至它们飞累了就在树枝上歇息。空气新鲜了，各种自然的生活就接踵而来。我们都以为这片森林的建立起码好几年，因为具有这么大的规模需要的时间很长。当地人讲，其实建立这个绿色屏障的工程今年年初才启动，一直干到除夕前。动用机械四百余部，人员五百余人，黑白天的连续施工。春节就休息了两三天，大年初三复工一直到现在还没有彻底完成。我们惊讶之余，更多的是感觉天津老百姓的那份享受。因为这片绿色屏障将会让天津与自然和谐共生的复合生态系统初步构建，使得天津的空气更加新鲜,外部刮来的风沙也得以大量减少。

别有洞天　　　李玲　摄

行走在森林之间,会觉得思维都在跳动。因为满目的青翠会有想跳起来的感觉,会觉得生活瞬间有了变化,那就是对这片森林的拥抱感。每一棵树都在成长期,但能觉得它们的勃勃生机。当地人讲,再过十年或者二十年,这就是一片大树,我们栽培人都相约那时候再来这里纪念当初种植的时刻。也许那时,天津就没有了风沙,那阵阵的风都是能呼吸的。我们走的时候觉得脚下比较松软,当地人说,这些土都是素土换填的。因为原先的土壤不适合树木的再生长,需要换成素土。这里说的素土就是天然沉积形成的土层,没有掺杂白灰、河流带来的砂石的土,密度会均匀,要有一定黏稠度。这么多的素土要运到这里,然后铺设到这么大面积中，想必其中的力度会是多大。离开这片绿色屏障时，大家都有些恋恋不舍，真是让我们开了眼界，懂得了呼吸到每一口新鲜空气背后的艰辛和付出。

沽水涨春潮

吕舒怀

天津曾有七十二沽，咸水沽就是其中之一。咸水沽的地名很有意思，一说，“海河水随潮上涨，咸水至此而止，故名咸水沽”；另说，“命名以咸，而沽水甜淡”。说法相互矛盾，咸水沽的水究竟是甜是咸？

据记载，古时此地盐业兴盛，可见水应该是咸的，要不熬不成盐。咸水沽依河近海，又处京畿要冲，乃昔日漕运枢纽之地，被称作“京东第一镇”。它距市区说远不远，说近不近。早先总听人讲咸水沽地名，却一直没得机会去过。20 世纪 90 年代初时，一次接朋友到过咸水沽，在其工作地方小坐，喝了杯水，果然甜淡，不是咸水。其他的至今印象模糊，好像经过一座大桥，便进入咸水沽了，周边大多是五六层高的楼，道路也不算宽阔。

彩虹桥

前不久去咸水沽镇参观，这是头回近距离深入接触咸水沽，与脑海中残存的印象大相径庭：乘车经过处一幢幢高楼林立，大街整洁宽敞，花草如锦。据介绍，镇所属的村落均已完成土地流转，当地人纷纷搬入新居，开始了新生活。令我印象深刻的是海河科技园，被定位为天津的“智谷”。它占地约150亩，以智能化产业为支柱，重点发展光电信息产业和高端商业服务业，与周边国家级和市级开发区、工业区形成了完整的产业链条，入驻企业能依托一个成熟的产业平台发展壮大。海河科技园在筑巢兴业，产业集聚可达二百家左右。这是一丛梧桐树林，招致凤凰纷至沓来；这里是创新的沃土，让高新科技企业在此孵化、成长。

走进一片庭院式厂房区，进入一家落户在海河科技园的企业——天津华海清科机电科技有限公司。新建的楼房内车间干净明亮，隔着透明玻璃窗张望，看到里面穿着洁白工装的员工正在忙碌。据相关人士介绍，公司2013年成立，主要从事CMP(化学机械抛光)设备和工艺及配套耗材的研发、生产、销售与服务，核心团队成员来自清华大学摩擦学国家重点实验室及业内专业人才。厉害的是,其拥有的多达 **175** 项专利,那些具备核心技术和完整知识产权的公司尖端产品,在国内、国际市场上有很高的占有率。

在海河科技园,像华海清科这样的企业不在少数,它们在这一平台上,从科技领域的高点起步,靠着不断创新壮大,实现着各自的光荣和梦想。

咸水沽镇依然是京津冀的重镇,海河故道的水依然奔腾不息,咸水沽人励志图新、锐意变革,精心打造的海河科技园,其目标远大。从夯实基础开始,逐渐筑巢建窝成功,一步步走得坚实稳健,成效显著。既引进一批高端企业入驻,助推它们创业发展;又带动着当地的经济和科技进步,体现了一种有战略谋划的眼光。有眼光有魄力,再加上实干,令人毫不怀疑的是,现在咸水沽镇正涨起新的春潮,放眼未来,这里将春光无限。

京剧小屋的故事

谢大光

有多少年没有走进过一所小学校园了？采风咸水沽第六小学，处处感到新鲜，给我最多惊喜的是京剧小屋。原本比普通教室还要小的活动室，经过精心改装，成了全校1300多个孩子心向往之的艺术殿堂。一间小屋用上“殿堂”两个字，不要以为我是在着意夸张，身临其境感受一下吧：跨进门对面一溜大窗户，窗帘采用半透明UV材料，喷涂上京剧人物行当的简介，在室外光线透射下，若隐若现反衬出舞台特有的神秘感；南墙一面通体以明黄色为背景，间以木质线条分割，凸显正中间龙凤呈祥的团圆造型，吉祥寓意中喻示着孩子们如龙似凤向未来展翼飞舞；两厢分别嵌以带卡通意趣的生旦净丑京剧人物造像，下摆以海水江崖图案相托，稳固中不失活跃；北墙满敷青砖罩面壁纸，下设一组大型练功镜，映照着孩子们腾挪闪转的练功身段；窗户对面墙上，一幅高仿真的"同光十三绝"彩图，画龙点睛提示出京剧小屋的主旨所在，下方的博古架，错落陈放着京剧脸谱和角色造像，一台老年间听胶木唱片的留声机静静停在那里，随时准备吟唱出名伶大师们的声腔雅韵；抬头向上看，屋顶设计更具匠心，借原有的中心梁把顶层空间巧妙分割成两个大型藻井，造型融合了宫殿藻井与戏楼藻井的繁复华彩风格，藻井中心位置各吊装了一盏大型宫灯，藻井边沿用仕女图、金陵十二钗等人物彩绘烘托起古典戏曲氛围。一间不到40平方米的小屋，丰富而有层次地点染着京剧诸般传统元素，拙中见巧，古而不陈，肃整敦厚又饶有童趣，使人自然联想到京剧的历史与未来，置身其中感受着艺术气息的熏染，不由你不发出赞叹，即便梅兰芳先生在世，免不了也会叫上一声好吧。

京剧小屋的绚烂典雅留有一处简白：练功镜上方，一幅牌匾横悬，十个隶书大字"以一国之粹，弘中华大德"，让人眼前一亮，室雅何须大，志远眼自高，能具如此胸怀，京剧小屋的容量何止一间艺术殿堂。千万别小看它，小屋背后有故事，这故事浓缩了海下古镇几代人的变迁，联通着更广阔的舞台。

咸六小前身是当地农民子弟的私学，据说始建于20世纪30年代，后由韩城桥、五登房、二道桥三个村庄联办，名为韩城桥联合小学，属南洋乡，2001年撤乡并镇，归到咸水沽镇。一所乡村小学，学生都是农家孩子，每个年级两个班，生源有限，教师队伍固化，乡里乡亲，虽有校风质朴之长，毕竟眼界窄了一些，陈陈相因，难得接受外来新鲜事物，在城乡二元壁垒的年代，镇内镇外以河为界，咸六小系镇外校，低人一等几乎是命中注定。这种状况维持了多少年？不知道。可以看到的是，随着改革开放，城乡一体化建设，情况开始发生变化。几乎是一夜之间，大批外来务工者涌入，落脚在城乡接合部，他们的家人子女陆续随之而来，一个个新的家庭扎下来，每年都有适龄儿童需要上学，镇内校进不去，咸六小就成了香饽饽，教学班由原来的12个，迅速扩展到21个，而后逐年递增，直至今天的36个，几乎呈双倍增长。2011年，国家提出教育均衡化发展，津南区投入财力，下达硬杠杠，要求小学校现代化达标，咸六小鸟枪换炮，新建起13000多平方米的教学楼，迎来了发展黄金期。原来在破旧小平房、简易房里上课，夏暑冬寒，师生遭罪。搬进四层大楼，舒服多了，看着也气派。可平房有平房的好处，开门就是大自然，孩子们出了教室能撒开玩儿。楼房高了，人的眼界未必跟着高，上上下下，爱活动的孩子容易磕磕碰碰，老师掂出轻重，无形中管教加码，小孩子圈起来最安全，不求出头露面，只求平安无事。区里举办艺术节、各项文娱比赛，咸六小很少参加，更别说培养特长了，学生拘在校园里，难得接触外面世界。

搬进新楼的第三年，张凤霞调来咸六小任校长。中学教过数学、搞过十二年德育研究的张校长，自小喜爱舞台，由区教育局调到咸六小，局领导交代任务，“把学校给我弄活了”，她借机找局里要了一份"嫁妆":为学校建一座舞台。张校长以自身经历融合多年德育研究心得,形成一种教育理念:学校不只传授知识,有一种教育叫熏陶,要让学生学会感受真善美。面对一张白纸的小学生,艺术感染的力量不可小觑。一个人的艺术素养、审美习惯须在小学这个年龄段打下基础,一旦错过,无法弥补。咸六小老师们发现,这个新来的校长路数不一样,刚上任力气没下在主科,先奔了体音美。学生参加体育比赛,体育老师赶早带着训练,来不及吃早点,校长送来亲手熬的豆粥。加强师资力量,也先从招聘体音美任课教师入手。张校长心里其实已经瞄准了京剧。京剧是国粹,虽说多演些历史故事,经过多少代人精心淬炼,凝聚的都是传统文化精髓,行当靠的是功夫,板眼抠的是规矩,孩子从小受京剧熏陶,往小里说培养起认真守纪律的习惯,读书、做人都不吃亏;往大里说,会唱上几段京剧,将来走到哪里亮出来都会自豪,"我是中国人"。爱国也是习惯,也需要培养。区里镇里要求学校开展第二课堂,政策上提供便利,与张校长的心思合上了拍,少年宫送戏进校,她要求中层干部都参与,孩子们模仿能力强,跟着台上演出比画两下,张校长看在眼里,请送戏进校的蒋涛老师介绍些行家,让孩子们学学怎样欣赏京剧。蒋老师推荐了南开大学汉语言文化学院刘佳教授。张校长清楚,要让孩子喜欢,老师先要"扫盲",校园里从未见识过京剧,不要说一般教师,就连教音乐的也都是一见 CCTV11 就转台的主儿。青年音乐教师李雅晖,刚从天津音乐学院毕业,学的西洋声乐,美声唱法,普契尼的咏叹调、比才的歌剧烂熟在心，流行歌曲也喜欢，对京剧就不精通了。张校长因势利导，先用戏歌开路，戏歌有京腔京韵又好听易学，带着流行元素，没几天就能上口。果然，广播喇叭里播了两天京歌，校园就传开了，谁都爱哼上两句，有这个基础，拉着教师去南开大学听课，就不用靠行政指令了。"中国京剧艺术"是刘佳教授开的选修课，每周五晚上讲，虽是选修课，刘教授要求严格，京剧是一门最讲认真的艺术，每次上课前，必须把零七八碎清理干净专心听。张校长带着体音美教师和班主任，凡是没爪子没挠没负担的，听了十几次课，有点开窍，李雅晖更是上心，主动请缨在学生中间组织京剧社团，起名叫"梅花初绽"，学美声唱法的嗓子苦练尖团字发声，硬是啃下了京剧念白。"梅花初绽"第一课讲学艺先习德，孩子们出于好奇，都想当一朵小梅花，平时调皮捣蛋的也学着懂礼貌，楼道里追逐打闹行为越来越少。张校长空下来也喜欢到"梅花初绽"一起唱两句，边唱边和孩子们打趣，"有个爱好不耽误学习，还能当校长呢。"

刘佳教授出身艺术世家，对京剧感情深，讲起课连说带唱声情并茂，经常请京剧院的名角来助阵，课堂气氛很是活跃。张校长是有心人，每次听课之余总要结交一两个京剧人。黄齐峰，天津京剧院武生头牌，获过白玉兰戏剧表演奖，师承厉派苏德贵先生，主演新编历史剧《狄青》大获好评，舞台上英气逼人的角色，讲起课来平和幽默，沟通能力极强。一堂课听下来，张校长动了心，若能把黄先生请到学校来该多好，孩子们一定喜欢。没想到，听说咸六小热心普及京剧，黄齐峰主动提出到学校和孩子们见见面，不仅自己来，还把《狄青》剧组全套文武场面都带来了，这可轰动了全校。孩子们先是观看了剧场里的《狄青》，主演风采已烙下深刻印象，现在面对面见到真人，一下子俘获了几百个小粉丝。要说黄齐峰真是一身童子功，穿着高底靴劈竖叉，翻跟头，拿学校场地当舞台一样亮出真本事，为了孩子毫不惜力，让人看着佩服又心疼。黄齐峰说，我们都是沾国粹艺术盛名立身于世的艺人，为祖师爷传道是义不容辞的责任。京剧的未来在孩子，学校在为我们培养未来的观众呢。

京剧人的心思相通。闫文倩，天津京剧院青衣演员，早在戏校上学时就小有名气，拿过全国的戏曲新秀奖，拜在杜近芳门下工梅派，私下里和蒋涛老师念叨，想为京剧多做些事。蒋涛说，去咸六小吧。他们做的是大事。为孩子就是为京剧。咸六小距市里六七十里路，乘公交车要倒两次，下车还须步行，一年多时间里，每周四下午，小闫准时到咸六小给孩子们讲课，风雨无阻，还自费请了化妆师彩妆授课。学校财务制度严，让小闫这样无偿尽义务，张校长心里不忍。小闫说，为孩子，没说的。开始孩子们对青衣咿咿呀呀的唱腔不感兴趣，小闫在上面讲，下面小动作不断，几乎讲不下去。闫文倩让旁听的李雅晖几个老师先回避，两周过后再来看，雅晖他们发现，像变魔术一样，课堂一片安静，闫老师好像带着一股特殊魅力，孩子们目不转睛地盯着她的一举一动，完全被征服了。也许是美的力量，也许是艺术的挑战性，一句《穆桂英挂帅》里寻常的“猛听得——”，孩子们以为像唱歌一样张口就来，练了一个月，还是不着调。一年下来，小闫的心血没白费，咸六小的京剧联唱在区里市里赢得了口碑，不仅唱得好，台风也好，在台上整齐精神，退场后一片清净。只有过来人心里明白，由登台怯场到表演自如交流顺畅，孩子们迈过了多么重要的人生一步。

咸六小的第二课堂办出了名堂，由京剧开了个好头，腰鼓柔道啦啦操，国画象棋民族舞，只要老师有特长学生有兴趣，学校一概支持，各类兴趣小组雨后春笋般冒出五十多个。每到六一儿童节，师生家长欢聚一堂，各路人马纷纷亮出自己的看家本事，憋着劲儿比试比试，当地居民都说，过六一咸六小比春晚都热闹。有人问，这样搞，一潭死水打破了，学生功课不受影响吗？孩子的精气神儿提起来了，谁没有好胜心，学校、家长、社团、班主任一起使劲，协同配合，上课纪律不好，作业完不成，班主任通不过，社团进不去，等于给孩子的学习加了一道动力。全区三十多所小学，咸六小教育教学成绩近两年已名列前茅。前些年一直抬不起头的咸六小，能有这样的结果谁想得到。现在的生源一多半是外来务工者子弟，父母不在身边、把孩子甩给学校的不在少数，课余参加社团活动给这些孩子增添了一份温暖，参加演出，获得荣誉，反倒激发了家长对孩子教育的信心，密切了亲情。这是出乎各方预料的收获。社会在进步，教育在发展，一切都在变。咸六小没有忘记京剧人为孩子付出的心血。为了铭记京剧人的情谊,为了给孩子和京剧人交流营造一个理想环境,创建京剧小屋的设想成为现实。

还记得在京剧小屋见到的场景:不同班级的孩子们,在李雅晖老师带领下,排成方队,练习云手,跑圆场,或是唱起西皮流水,李老师一边敲着梆子掌握节奏,一边大声提醒着,“把眼睛瞪起来”“把眼睛瞪起来”。我忘不掉孩子们那一双双明亮的眼睛。我想,在京剧小屋受到过熏陶的孩子也不会忘记这一幕。日后,在他们遇到挫折,精神萎靡,心生胆怯的时候,耳边响起这一句警醒,也许会使他们重新振作,直面人生,不惮于前行。当然,他们记下的一定还有这十个字:以一国之粹,弘中华大德。

古朴中走来的咸水沽

张春生

提起咸水沽的“古”,其历史可以追溯到先秦,在汉唐时代也有着清丽的身影,宋辽对峙,咸水沽一度处于兵争之地,到明清时期盐业发达,咸水沽是天津府八镇之一,京畿扼要。又因居海河南岸面向渤海,而成为漕运枢纽。经济的发达必然使得人文荟萃,咸水沽一直以人杰地灵蜚声海内外。近百年来,红学泰斗周汝昌、中国现代版画先驱李平凡、评书翘楚田连元等,都是从咸水沽走向全国的。正是咸水沽的“古”,使得它兴旺时“马不扬鞭自奋蹄”,寂寥时“埋头苦干出实绩”,也就是人们常说的笃实、执着、奋进精神,成就了咸水沽的厚重,以致重视历史文化,做生活的主人,在咸水沽已成为一种自觉、自信和自律。而这种风气在改革开放的大潮中,便会如鱼得水,畅游其间,于波光粼粼后浪推前浪之中，一个鲤鱼跳龙门——咸水沽镇变了，变得厚重里彰显着大气，古朴中孕育着腾飞。

大美咸水沽

数日之前，我去了一趟咸水沽，所到的几个地方，尽管是走马看花，也被到处充满活力的气象所感染。昔日的平房矮屋被高层住宅取代，鳞次栉比的大厦小楼是小康生活的生动写照。楼宇间，幼童玩耍、老年人跳着广场舞蹈，更有阵阵的葫芦丝声、胡琴声、电风琴声在微风中飘荡。正赶在一场雨后，挂满水珠的碧绿草地，现出沁人肺腑的草香，合着欢乐，使咸水沽折射出思想明确，上下合力，打造新生活的志向。当走到之前海河的故道，已经建成供往来游客、当地居民欣赏游乐的景区：亭阁廊桥高瘦低肥、曲径通幽、倒影亮丽；清风沐浴荷花俏，小船慢泊迎客来，到处花香鸟语。曾经的“家住苍茫缥缈间，荻蒲弄水鹤踏船；来客若向空中语，清笛引路入桃源”的美景，又以新姿装点着咸水沽。

然而，若以为咸水沽只是风貌换了新颜，那就错了。它的

“新”更表现在要站在时代的潮头。

这是我看到古镇的开发区获得的深刻印象。走入一家与北京高校、科研院所合作的、做电子印刷版精细研磨的企业，看到手不离器械、眼睛紧紧盯着各种仪表的几位二三十岁的年轻人，在一丝不苟地工作。千万别以为这只是普通“印刷”前的某道工序，此印刷非彼印刷，这是为入太空潜深海的“科技芯”而研磨的基础材料。看到此，我脑海中出现了一幅画图：古镇已化作石壁飞瀑，水雾氤氲之中腾飞的雄鹰在云间翱翔。是啊，咸水沽从历史走来，有着秦汉的开拓、唐宋的积累、元明清的繁荣，然而河海码头、京畿大镇，毕竟随着过去的足迹成为生活的倒影，今天时代的鼙鼓已敲响，咸水沽已进入新时代，科技大潮使得古镇从厚重走向智能的腾飞。我看到了坐落在古镇开发区的智能机器人深度研发、批量生产的工厂。天津承办的第十三届全国运动会开幕式上的上百个机器人，以方阵组成舞蹈队伍，动作雅致，表情率真，它们就出自咸水沽这家企业。匆匆走来穿行在车间、设计室，目不转睛看着荧屏进行操作，向我们做展示和讲解的都是年轻人，他们的脸上洋溢着自信，身上散发着青春的热情，同时古镇的朴实执着也在闪现着、积淀着。

哦，古镇已经迈着大步走来，它稳稳的，因为它厚重；它奔腾着，因为它插上了新时代的翅膀。

海河故道唱新歌

谭成健

江河是世界文明的摇篮，人类将最动听的乐曲献给了家乡的河流。《蓝色多瑙河》《巴比伦河》《黄河颂》……美妙的旋律，摄人魂魄，世代传唱。

海河作为天津的母亲河，它哺育了中国北方近代史上一座伟大的名城，也是一首不朽的壮歌！

悠悠九曲十八弯的海河给津沽带来稻谷香、鸥鹭飞、鱼蟹肥，与此同时，经常的淤塞又在这里洪涝成灾，一直到18世纪末，租界形成后，天津要打开一条通往大海、通往世界的航道，从1901年至1923年，海河经历过六次“裁弯取直”改造，泄洪功能大增，并使200吨位的轮船可经从入海口直驶天津码头。

那些被裁截的老河道，有的填土为地，有的种树成木，更多

故道风景 林伯华 摄

的成为历史弃儿，交给了岁月，任其废弃、枯寂与变迁。咸水沽镇之北，留下了一段故河道，没有了昔日的潮涨潮退，没有了繁忙的船来船往，没有了欢快的鸥起鸥落，百余年间，日益枯竭，雨多积水，水退长草，蜕变成一个天然的垃圾场、蚊蝇繁衍地。民众路经这里，掩鼻而过，视为祸殃。

然而，当中国进入改革开放的黄金时代，财富在积累，文明在交汇，认知在提升，中国人开始注重生存环境的安全与优化。咸水沽人感悟到，这段海河故道不应被糟蹋如此，它是大自然一份弥足珍贵的遗产，是咸水沽人不可多得的风水宝地！古人云：上善若水。水是景象，水是生命，水是财富，水是能量。这条故道恰是水的载体，水的龙头。咸水沽人智慧、敏捷地抓到了把手，铆足劲儿，作一篇大文章！他们精心勘察，精美设计，精妙施工，这条长达 3.5 公里的海河故道经过清理疏通，引来活水，成为一条蒲苇丛生、碧波荡漾的清流。傍水而生，修建出一处幽雅的人与自然和谐共处的城市生态景观，掷地有声地将它称为“海河故道公园”！

这些年改观城市面貌，许多地方因地制宜，兴建了不少各具特色的园林绿地，走出不远便有使人心仪的去处，但是依托海河故道而建的公园天津仅此一处，那种不可替代的历史纵深感异地无处寻访。笔者步入公园，再生的海河原貌让人穿越时空，浮想联翩。住的市区，我们眼里的海河，水泥栏杆，石砌堤岸，海河被关在牢固的容器里，完全没有了原始的状态与野趣。而这里的河畔，小径柔软，水浸岸泥，芦苇摇曳，水禽欢聚，微风中飘散着一股股水汽与草香。因为正在修建一座公园通向镇里的桥梁，降低了水位，否则能看到更广阔的水面，而那段种植藕荷的水域，会千姿百态，捧出让人惊艳的美颜与芬芳。

石径、花圃、竹林、木屋、船舫、食坊、茶楼、码头、广场，处处有各自的经典景致与名称，“沽水花洲”“雅石趣园”“沽水篁花”“飘台醉月”……最惹人注目的公园标志性建筑，当数造型别致、色彩鲜红的“篓吧”，那是四座高高耸立、犹如渔夫用的竹篓式的建筑，颇具象征意义地讲述着这里居民曾经捕鱼为生的习俗风情。竹篓内套的楼座是提供游人饮食的处所，储备着各式各样的美味佳肴。还有一景，那是一组被称为“龙马圣境”的景区，石柱上八条高飞的巨龙与陆地上八匹奔驰的骏马，在蓝天碧水中彼此呼应，相映成趣。它们刚健、热烈、高昂、升腾，象征着咸水沽人崇尚的奋斗不止、自强不息的精神。

海河故道以它独特的形式，向今人吟唱着一支韵味绵长的新歌，讲述着咸水沽人的智慧、情愫与向往……

咸水沽的老海河

刘虎巨

早年间，海河走了个“弓背”形的弯道，从漕运货物重要吞吐地咸水沽流过。1911年，海河最后一次裁弯取直，把这个“弓背”裁掉了，但河道未废，这就是咸水沽人至今仍然称道的老海河。

我头回见老海河，是1956年。当时它虽不再浩荡奔腾，但水面依然较宽、很清亮；两岸芦苇高大密实，油光碧绿，随风摇曳，煞是美观；东头设有摆渡，欸乃之声不断；空中鸥鸟盘旋啁啾，水下锦鳞自在欢游，真不愧是古镇一道亮丽的风景。

可惜，在往后的岁月里，它渐渐被人遗忘。芦苇，逐年递减，而且速度一年快过一年，直至两岸变成光秃秃的癞痢头；河里水也逐年变少，直至剩下几摊黑黢黢、冒着腥臭泡沫的小水洼；河道里、滩涂上，净是人们倾倒的垃圾、秽物，无论谁路过这里，都得憋气掩鼻，脚步匆匆……

那时我已有两个孙伙计。小孩子都贪玩，我绞尽脑汁，去哪里玩呢？所住村子下头儿，早先有片草地绿茵，周遭长着几棵大柳树。再去看时，心全然凉了——人们乱泼乱倒，把那里也糟蹋得不成样子，离老远就恶臭扑鼻，怎能让孩子去嬉戏玩耍？

夏天吃过晚饭，天光仍然亮堂。经不住孩子缠磨，只好领他们随便遛遛。孩子兴致很高，扔几块土坷垃到黏稠的黑水里，就欢呼雀跃，我心里却莫名的悲凉。

世上的事，往往就是这样古怪：越是洁净地方，人们越加小心，不敢稍加造次；遇到肮脏的地界儿，反倒尽情糟蹋、随意祸祸。咸水沽最大的板纸厂，看到老海河被糟蹋没人管，也跟着"趁火烧鸭子"，挖明渠，排污水。每天臭纸浆水，裹挟着各种污物，由西向东逶迤而来。

改革开放后，政府先是禁绝了板纸厂的排污，把污水浸泡的低洼地，改建成柏油路，起了"紫江路"(谐音"纸浆") 这么个富有诗意的名字。现在它已成为繁华的商业街。

特别是近几年来，一场尊重自然、顺应自然、保护自然、重塑自然生态系统的攻坚战打响了。所有小区，绿化必须达标，让空气清新，让绿色重现，让天空湛蓝。所有道路两旁，行道树、矮灌木、花坛花池成为必有之物。行走或乘车，满眼葱绿，鸟语花香，眼不再疲劳，心不再沉重，人活得带劲儿，自然青春常驻。

老海河经过修葺，复又引进海河水，使其重现了碧水清流的俊俏。左岸上面是津南新城、大学城和与另几个区同时建造的绿色森林屏障，下面是正在修建的地铁；右岸顺河道走势，修建了逶迤的“周汝昌路”，还有一座绿树成荫、景致优美的“海河故道公园”。一早一晚，这里游人如织，人们在这里跳健身操、打太极拳、练剑、漫步、谈心、游憩……

海河裁弯取直对咸水沽的影响

葛培林

海河裁弯取直是20世纪初的一项大工程。它使从大沽口到天津市区的航运缩短了距离。从当时来看，节省了航运的时间，较大吨位的轮船可以直达市区海河沿岸的码头，在某种程度上说，是促进了航运业的发展，带动了天津市区作为商品集散地的繁荣。

但是，海河裁弯取直，直接影响到沿河而居的咸水沽等村镇的发展，使得咸水沽等地商户的生意和他们的生活水平下降了。1910年1月8日所呈《下郭庄咸水沽铺商七十二家陈述二村为海粮木材集散地海河裁弯妨害商务事禀商会文及津海关道札》说得很详细：

商等均在下郭庄咸水沽开设粮木各行生意，近年市面萧索，力已难支。乃以海河工程局裁弯取直，竟将下郭庄咸水沽置之废弃。咸水沽为海粮荟萃之区，左近数十里之庄村，皆以咸水沽为购买食粮之渊薮。其下郭庄一村，为东沟松木落栈之地。贫民起卸粮木，倚为生计，数十年生聚于此。设一旦河废水浅，数万人之生命无以相倚为生，大局不堪设想。况海河工程局改善海河，刻已卓有成效，新式轮船重载尽可抵埠，咸水沽一带河水甚深，从无浅船之事。而无故糜此巨款，耗财害民，似非工程局当日订约之本意。商等区区商务，于全埠大局无大关碍，然一方水土养一方民，中外想同此理。今者裁弯海河，顾此失彼，商民困苦实万状。为此叩恳商务总会大人恩准，移请关宪设法挽救，实为德便。

但是，他们没有得到理想的答复。**1910** 年 **2** 月 **4** 日，津海关道蔡绍基答复如下："即经照会海河工程局核办去后，兹准海河工程局函开：查该段废河，业经允为设法造闸，当开引河五丈，并未废弃，以可毋庸过虑，但此引河两岸，每面须各留一百五十尺以归本局，将来堆土种树之用，相应函复，即希查照办理等因。"

最终，咸水沽等地商户的意见被否定。从此，咸水沽作为商品集散地的功能被削弱了。同时，以打鱼为生的渔民也改行了，以海运为生的船户由此衰落，南来北往的生意人也不再光顾此地，使得以开旅店为生的业主，也没有生意做了……想来，当年很多咸水沽人都艰难地改行了。

试想，如果今天的海河，没有经过裁弯取直，海河从天津市区的三岔河口到大沽口，九曲十八弯，奔腾不息的活水流入大海,其沿途的村镇借着海河而发展壮大,一座座建筑风格各异的桥梁架设在重要村镇码头之间,那将是一番多么美妙的景象。同时,渔家村、农家乐也无疑会带动旅游业的大发展……但是,这毕竟只是一种历史假想。事实上,当年的六次海河裁弯取直使得海河的通航能力有了明显提高,海河的泄洪能力也有了显著增加,这项浩大的工程在历史上留下了浓墨重彩的一笔。

记忆中的同源里3号

周长庚

咸水沽的同源里3号是我的家。虽然它现在已经不复存在了，但印有同源里3号的那块铁牌子至今还被父亲珍藏着，它记录着我童年美好的时光和对祖父周祜昌先生挥之不去的记忆。

建国街

祖父已经去世二十多年了，陪伴祖父走过岁月长河的只有一样东西：做学问。我童年最深刻的记忆之一，就是祖父在老屋那铺满稿纸的土炕上俯身对我说："凡是有字的都不能撕。"童年的我对此懵懂不解，却一直铭记于心。如今即便是废旧报纸也是不忍撕的，那是人家辛苦写下的，又如何舍得毁坏呢。祖父教我爱书惜字，至今仍不敢忘。

儿时陪伴我读书识字的是老屋木窗外那棵龙爪槐，当然还有祖父瘦弱的背影。我在大木窗台前写作业，祖父则在写字台前奋笔疾书。作业中有不识的字，想回头去问他，看着他那专注的神情，既不敢也不忍——要知道即便是有人拜访，在他身后站上好一会儿，他也是不晓得的。

但有时真没办法，作业要完成呀，我只好硬着头皮去问他。他转过身，拉着我的手说，有不识的字查字典呀！我挠挠头表示不会。随即，他从写字台上拿过他那本旧得不能再旧的《新华字典》，随手一翻，喏，就是这个字。太让我惊讶了，这是如何做到的，如同魔术一般。

祖父是不善赚钱营生的，可家中子女又多，这个重担自然就落在了祖母身上。祖母没读过书，没有工作，可极聪明，什么活儿都干过，为这个家操劳了一生。那时咸水沽的集市就在建国大街上，而同源里 **3** 号就在建国大街旁。每逢集市，祖母便在街旁摆摊卖冰棍儿，我则陪在祖母身边帮着吆喝“冰棍儿败火，五分钱一根儿”。天气闷热，祖母问：“热吗，吃根冰棍儿吧。”“不，这是卖钱的。”我倔强地回答。祖母温和地笑着：“去，回家给奶奶拿条毛巾去，奶奶擦擦汗。”

我飞也似的往家跑去，一不小心，摔跤了，膝盖流血。我小心

建国街

翼翼地慢慢走到家。祖父见了说，很疼吧？去炕上躺着吧。祖母见我许久不回，不放心，回家看我，见我腿摔破了躺在炕上，说，躺着怎么行，赶快下来走走。我起身看到的是祖父憨憨的腼腆的笑容。

那时的冬天很冷，家家都要生炉子。祖父的一大乐趣便是在炉子上烤山芋。祖父喜食甜食，我也是。每次祖父都要把几个山芋放到炉沿上，围成一个圈儿。我拿来小木凳，坐在炉旁，边取暖边期待美味，甚是惬意。过不多久，山芋熟了，香味扑鼻。祖父与我大快朵颐，那香甜的滋味无与伦比，难以忘怀。我不喜欢喝玉米粥，可加了红糖的玉米粥却一定会喝，同样是因为祖父——他也好这口儿，我跟着他喝，养成了习惯。

这就是我关于同源里3号的一些零星片段。很多事情只能记个大概，然而记忆中祖父站在老屋龙爪槐下手不释卷的样子，却宛若眼前……

记忆中的咸水沽粮库

郝印来

天津卫七十二沽之一的咸水沽是一个有着悠久历史的古镇。我家就在咸水沽东营门外的小河旁。院旁一条三四米宽的小河向东不到百米,被当地人称为小河子,而这条南北向的小河子的北端就与老海河(现称为海河故道)相连。小时候,给我印象最深的就是只与我家隔着一条海大道,坐落在老海河与小河子连接处的咸水沽粮库。

之所以印象深,是因为那时到处都是低矮灰色的土坯房,而粮库则是一大片红砖红瓦的高大建筑,一排排高大的粮垛簇拥着厂房被高大的围墙圈起来,围墙上缠着道道铁丝网,围墙四角建有带枪眼和垛口的炮楼,远远望去整个粮库既森严又有些神秘。粮库远近闻名,从天津市区通往葛沽的公共汽车在此设有咸

秦庄子

水沽粮库站。

据老人们讲，咸水沽粮库的前身，是在闹日本时，由日本人建的机米厂。侵华日军在攻陷天津后，为疯狂地掠夺津南特产——“小站稻”，实行严酷的米谷管制，建立了“米谷统治会”“米谷组合”。咸水沽地区属于米谷统治的第五区，日军的五区米谷统治会就设在机米厂内，米谷组合设在机米厂不远的一处大院里。日本人只准当地的人们种水稻，禁止人们吃稻米。发现谁家吃稻米，不是用刺刀挑死，便是让狼狗咬死。而日本人则用极低的价钱把稻谷连收带抢地运到机米厂，然后碾成稻米供给日本军队或者运回日本国内，津南百姓对日本小鬼子恨之入骨。

1944 年 10 月，冀中军分区津南支队决定攻打咸水沽机米厂，支队长储国恩派杜金鹏去侦察情况，杜金鹏到咸水沽通过关系做通了伪保安团郭队长的工作，约定了通过的口令。一天晚上，冀中军区交通大队六十多人从河北文安胜芳到了咸水沽西边的二道桥村。部队正准备行动时，机米厂方向却响起了枪声。事后才知道，八路军的另一支敌后武工队，在队长刘振寰的带领下，也准备攻打机米厂。因为不熟悉地形和口令，他们被日伪军发现了,岗楼上的机枪喷出火舌,战士们冒着危险从河沿里的土围子上立着梯子攀上机米厂的高墙。八路军一位姓王的班长刚刚爬上房就被日伪军的子弹射中了头部,跌入机米厂内。为了减少伤亡,部队只好暂时撤退。日伪军为了给自己壮胆,一直打枪直到天亮。日本人把王班长的尸体扔到机米厂东边东张庄旁的乱葬岗子里,到夜里,八路军把王班长的尸体抢了回去,进行了安葬。在日本投降前夕,地下党带领远近的老百姓哄抢了日本机米厂。中华人民共和国成立后,日本机米厂成为国家的粮库,建筑规模增加了一倍。

今天的咸水沽俨然发展成热闹的城市, 海河故道已然成为城市中的公园,记忆中的老屋院落、小河已无处追寻,日本机米厂——咸水沽粮库,已被置换成一片居民小区,高耸的居民楼屹立在海河故道边。

难忘沽中土坯房

李象恒

20世纪80年代初，我拆掉了祖一辈父一辈居住的土坯房，在原址上建起了三间砖瓦房，年已花甲的父母既欣喜又心疼，欣喜的是一辈子的梦想实现了；心疼的是破旧的土坯房承载着他们太多的故事。我也是在这座房屋中长大的，因此对土坯房有着特殊的情结。

衣食住行，人生之必需。大凡住宅都是根据当地的条件和资源确定，例如，陕北的窑洞、云南的竹楼、东北边陲的木刻楞木屋等。家乡咸水沽70年代以前建的房屋，主要是用土、稻草、芦苇和木料组成。先说脱坯，将铡成10厘米左右长的稻草和成较硬的泥巴，然后用木模脱出坯子，土坯大约长60厘米，宽40厘米，厚七八厘米。土坯干透后，就可以垒房了。土坯垒房分为条坯和

王家场村

卧坯，条坯是将土坯的宽度作为墙体的厚度；卧坯是将土坯的长度作为墙体的厚度。大多数人家，为节约材料，都将外房山垒为卧坯，将前后檐和内房山垒为条坯。屋顶起脊后，每间置木檩五根，选最粗的一根为中檩，另外四根均匀分布。堂屋的中檩上，贴有写着“上梁大吉”的红纸，当这根檩被拽上房脊时，鞭炮齐鸣，并伴有糖块抛撒下来，大人小孩会蜂拥而上，另有等候多时的行乞者忙不迭上前念起喜歌：“你这个梁是好梁，生在云南贵州，长在卧龙岗上……”以讨喜钱。上梁时间大都选在中午 12 点以前，晴空万里，艳阳高照最好，突遇降雨则称为“雨浇梁”，也很吉利，凸显了人们对盖房子这件大事的期许。

房盖用芦苇的苇把子铺就。扎把子最好选用一种叫“小铁秆儿”的芦苇，这种芦苇细而坚硬，少用那种看似粗壮的“泡秆儿”。扎把子是个技术活，好手艺人扎的把子将芦花藏进把子内，把子表面非常光滑，一根把子，双手托起，笔直不弯。铺好把子后，要上头遍泥，主要为填满把子之间的空隙。房盖上的泥似干未干时，要上去踩踏，使苇把子伏实。房盖至少要上四遍泥，墙体外面抹泥三遍内墙抹泥两遍，即“里二外三头顶四”。俗话说：“脱坯盖房，活见阎王。”足见盖房子对一个家庭来说绝非易事，需倾多年的财力物力，也离不开亲友和乡邻的鼎力相助。

土坯房的优点是冬暖夏凉，缺点是雨季来临时，容易漏雨。一旦漏雨，屋内人就会摆上盆盆罐罐用以接水，充满音乐感的滴答之声，令人无可奈何。如果屋外传来泥皮脱落的响声，那就更使人坐卧不安。

这样，经过一个夏天的“洗礼”，每年春天必须泥房一次。泥房土要比脱坯土讲究，需用碱性土，碱土板结性好，不易开裂。和泥用的是经碾压过的柔软的乱稻草，铡成5厘米长短。和泥时，土草比例适当，草多了不结实，草少了则容易开裂。而且房盖用泥和墙体用泥也有区别，房盖要抹厚一些，使劲压结实，墙皮可以抹薄一些。

记得，那时候泥房需前一天下晚铡草和泥，然后闷一夜。第二天天刚亮，不用邀请，街坊邻居就会自带工具赶来帮忙，手艺好的上房盖，稍差的抹墙皮，其他人打下手。大约到7点时，大部分活完成了，绝不耽误大家上班和下地。这时主家已烙好大饼，买来油条和豆浆，供大家早餐。其中，不乏个别蹭饭的，适时到来，操起工具比画几下，嘴里说着“你们干得真快呀！”眼睛却瞄向大饼油条。干活的人见状，只好先下手为强。忙乱之中，油条掉到地上被狗叼走了。那时，人们把泥房这一时段当成节日一般，各显身手的风采和团结互助的精神可见一斑。

脱秋坯，盖春房

刘燕妮

20 世纪六七十年代，在我的家乡咸水沽，人们大都住在土坯房里。每年的五一劳动节前后，家家户户都为自家的土坯房子操心忙活，拉土的、和泥的，都赶在雨季来临之前把房子泥好。

倘若谁家盖新房，那可得要大操一把心了。那年月人们的生活条件极为困难，能吃上一日三餐就不错了。谁家要是盖新房，十里八里都会知道，亲戚们邻居们都会主动来帮忙。这家主人得提前一年来准备盖房所需的材料：准备苇子，扎把子编笆。准备木料，提前把窗户门框请木工师傅做出来，把几间房的房檩准备好，把提前脱好的土坯用大马车运到跟前来。因为人们还都遵循老人们说的话，最好是拖脱坯，盖春房，这时的坯经过一冬的风吹也早已干透了。这季节盖的房子干得快，也利于人们干活。可话又说回来，盖房最累的是脱坯那活了，因为脱坯用的模子是有讲头的，盖正房标准模子是长一尺五寸，宽一尺一寸，厚四寸。如果模子小于这尺寸，盖的房墙皮太薄，北风一吹，冬天就不保暖。那年月煤球供应不足，人们也只能冻着。

准备工作完成以后，等到来年春天盖房时，首先要请风水先生看看风水、方位，然后画线挖槽。自从挖槽这一刻起，这家的主人就把心提到嗓子眼儿，生怕挖出一些奇奇怪怪的东西来，尤其是骨头之类的，这时的主人就得买纸烧香，上供祷告祈求平安。不仅如此，还要兼顾着左右生人，提防着与主家有过矛盾不和的人往地基里扔东西，尤其是利器之类的。那个时候，家乡人在这方面是很迷信的，宁可信其有不可信其无。就这样一直到往槽子里填土，砸夯，主人的心才像一块石头落了地。在此之后，盖新房必不可少的一项活动跟随而来。念喜歌的人一拨接一拨，主人打发了一拨又一拨，主人虽然费些口舌费些东西，可心里还是喜滋滋的，因为不久就要住上新房子了，他们念的喜歌也确实好听。

一晃几十年都过去了，至今我还记得那么几句：这片大房盖得精，一旁栽着万年松，影壁前是爬山虎，影壁后是养鱼坑。盖新房，唱喜歌，太阳一出红似火，一进宝庄用目观，猫腰施礼拜鲁班，某某主家盖新房，亲朋好友都帮忙。四梁八柱安中央，四根玉柱架金梁……正念喜，抬头观，空中来了福禄寿三仙，一撒金来二撒银，三撒一个聚宝盆。金钱撒在宝梁上，富贵荣华万年长。

一直到上梁鞭炮齐鸣后，主人和帮忙的人们才算告一段落。

在这一时间每赶上下雨，这时的主人家不管日子多困难，也要管上一顿上好的饭菜，上好的烟酒，以此来酬谢四邻八乡帮忙的人。

现在回想起那个年代，人们是那样的淳朴、憨厚，他们奉献爱心不图回报，实实在在地做人。如今时过境迁，人们的生活条件越来越好，但愿家乡的那些人、那些事，成为后辈人们口中的佳话，源远流长。

善 缘

王义林

中华人民共和国成立前,在咸水沽镇海大道(现在的津沽大街)南,大红桥以东的南园子,出了一位颇有名望的驾船高手,姓刘。他在家族同辈兄弟中排行最小,乡亲们都尊称“刘老爷”(本地对兄弟排行最小的称“老”)。他大半辈子在海船上摸爬滚打,练就了一身过硬的驾船本领,加之性格豪爽行事果断待人仁厚,深受人们青睐。他在亲戚家的大海船上司职驾长(相当于现今的船长)。

他任职的那只海船,主要往返于天津与东北之间。一年夏天,因船上待运天津的货物尚未到齐,刘老爷闲暇无事在码头上散步。无意间发现海边码头坐着一个三十多岁年纪,蓬头垢面的汉子,痴呆呆地望着大海出神。刘老爷心中暗忖,别不是遇到什么事想不开，欲寻短见？他还真猜对了。那汉子是津南北闸口人，姓赵，为了家庭琐事与哥哥赌气，不知跟谁家的船流落到营口已有三个多月。来时身上的钱，也都花光用尽了。从言谈中不难听出那汉子像是缺点心眼。刘老爷顿生恻隐之心，一口答应让那汉子随船回家，那汉子千恩万谢。

海船择日返航，那汉子也乖巧懂事，帮助船工干些力所能及的杂活，与船工们也很融洽。有一天，那汉子不知是犯了什么病，口无遮拦地对船工说，要起大风要翻船！船上是有许多忌讳的：不允许说“翻”“划个儿”等不吉利的话。众船工被激怒了，大家说别让大伙跟这丧门星吃挂落。有人提议干脆把他扔进大海算了！刘老爷见多识广，深知一些忌讳不过是老祖宗传下的行规而已，说船翻就会翻？哪有那种道理。众船工虽说愤恨难平，但刘老爷出头为其讲情，只得作罢。

不料就在那天的下午，海上竟然真的刮起了风，而且越刮越大，刘老爷感觉这回他们遭受大风浪的洗劫已是在所难免。一排排巨浪犹如脱缰的野马，无情地撕咬着在风浪中苦苦挣扎的海船。突然一个巨浪以泰山压顶之势，向船甲板上打来，一个正在加固桅杆缆绳的年轻船工，眼见就要被海浪卷走。生死关头，刘老爷飞身将他推到安全的地方，船工得救了，而他自己却被无情的巨浪吞噬了。

船工们都非常清楚，这条船没有刘老爷的指挥很难安全返回。就在船工慌乱绝望之时，一件不可思议的事发生了。一个巨浪不知从什么地方又将刘老爷托上船甲板。船工们无不惊骇，在冥冥之中是一种什么神奇的力量，使刘老爷绝处逢生？

刘老爷死里逃生，带领众船工、赵姓汉子安全无恙地回到家乡。几经周折，刘老爷把赵姓汉子送到他北闸口村的家中。痴汉的哥哥及家人千恩万谢。赵家是该村富户，拿出重金酬谢刘老爷，被刘老爷婉言谢绝了。后来三人结为金兰之盟，成就一段美谈，为乡邻所称道。

咸水沽长途汽车始于何时

东 风

天津很早就拥有了公共交通设施。1906 年 2 月 16 日，围城环行的有轨电车路线建成，“四马路，安电线，白牌电车围城转”这句话，形象地概括了那时候的情景。开往津郊的长途汽车可就没有那么早了，咸水沽的长途汽车始于何时呢？

1920 年 2 月 27 日，《大公报》载《咸水沽开行汽车》：“曹省长之乃弟曹锳氏发起由天津至咸水沽之四轮汽车，于昨日开始运转，目下只有一辆汽车，每日往来于天津、咸水沽之间，共三次。初次试行运转时，即有人满之患。”曹省长即直隶省长曹锐，曹氏兄弟发起成立的这家公司是他们众多实业项目之一。首选咸水沽，说明这里地位之重要，开业之初即人满为患，足见其与市里联系之紧密。

5 月,《大公报》又综合报道,经营者为中资津乡汽车有限公司,汽车已增至两辆,终点延至葛沽。票价为天津至陈塘庄铜子五十枚,至咸水沽七十枚,至葛沽一百枚。运营时间:自天津下行为六时半、九时、十一时半、十四时,自葛沽上行为七时、十时半、十四时。车行时间,自天津至陈塘庄约三十分钟,至咸水沽约一小时,至葛沽约一个半小时。天津站设在电话总局北即闸口河边,有天津、葛沽两处停车场。每辆车载客八至十二人,乘客多为中国人。报道强调"乘客甚多而车数既少,车形亦甚狭隘,颇为拥挤,亟须迅速改良"。

同版还刊登了《时评》文章《津葛间之交通便利》。文称"津海为京畿门户,商务荟萃,而四乡八镇,每因陆路之确荦水道之纡曲,交通上又有不便利之感"。阐明了津郊对汽车交通的需求,接着肯定了此线路意义,展望了其引领作用:"顷闻津葛之间,业经开驶汽车矣。往来迅疾,行旅称便。其他各镇各乡,既有此先路之导,庶几闻风继起乎?"文末提出忠告:"车价规定务宜低廉,不能与驰逐洋场、好出风头者相比例。否则一时纵炫为新奇,经久则渐行衰落。"

总之,1920 年 2 月 26 日宣告开通的咸水沽长途汽车线路,拉近了天津至咸水沽之间的距离,促进了咸水沽地面繁盛,也巩固了海下重镇的商业地位。

此后,这条线路果然被经营者看好,还逐渐实现了延伸扩展。1926 年 10 月《大公报》载:"现有商人创办天津咸水沽间之长途汽车,业在官厅呈准备案。现已购妥最新式宽敞汽车数辆,往来天津、咸水沽、小站等处,天津驻车地点在东南城隅东昌汽车公司门前。”11月《申报》载:“兹有某巨商,创办津沽长途汽车,闻已定于十五日开驶,每日上午八时开行为一班,十一时开为第二班,往来共开四班。”到了1935年,一家名为福兴长途汽车行的公司,已经拥有六辆雪佛兰载重客车,往返天津、咸水沽、葛沽、小站等地。随着《整理津沽交通计划》的实施,1936年5月,津沽公路竣工,天津至大沽公共汽车开通。

1949年3月12日,《进步日报》载《本市公共汽车开辟市外三新线》:“本市汽车管理处开辟市外行车新路线,全部计划已经拟妥。”“预定本月底即可实现。”“新路线为天津至小站、天津至咸水沽、天津至葛沽。”天津解放伊始,咸水沽即在津郊公共汽车开通中首批鸣笛,拉开了新征程的帷幕。

四里沽曾家大瓦房

周淑云

民国年间咸水沽老海河以北十三个村庄中，最高大、最气派的建筑莫过于坐落在四里沽的曾家大瓦房，主人曾传业是个头脑灵活，精明能干的人。1909年，他经人牵头，带着父亲的委托到营口某油行学生意。师傅见他胆大心细，又有文化，尤其是善于经营，不久就介绍他与一有钱人合伙，在当地相继开起了油行和木行。接着他又和外国人做生意，从菲律宾等地倒运木料，很快发了大财。两年后带着所赚的钱回到了天津。回津后他自己投资先后开起了永丰油行、永和成跟永和生木行。买卖越做越大，很快成了富甲一方的大财主。

1912年，曾传业开始在四里沽村西，建起了一片青砖、青瓦、青石根基的大瓦房院落，南至老海河边，北至村中心大街，占

四里沽曾家大瓦房

地面积约两千平方米。整个建筑群四周铺放着一圈青色大条石，远远望去高大宏伟、壮观气派，和邻近的土坯房相比简直是鹤立鸡群，多年来一直是四里沽的标志性建筑，远近闻名。曾家大瓦房分前、中、后三个大院，建成后一直没居住，院子的砖缝里长满了杂草，有的甚至长到一人多高，是黄鼠狼和刺猬的长期居住地，阳沟眼里时常会钻出狗、猫、狐狸等动物。

中华人民共和国成立后，房屋归公家所有，后院沿着大街的房子成了大队部、广播站、保健站和四里沽粮店，中院和前院便成了四里沽联合小学的主校区。前院的北房是一个很大的客厅(相当于现在的会议厅)，客厅里四个直径五六十厘米的黑柱子支撑着大柁，碗口粗的房梁安放在大柁上，一排排木板紧密地固定在房梁上，没有一丝缝隙。平坦而光滑的棕色洋灰地面虽然已经破损，但在当时也属十分罕见。阳光透过四扇的大玻璃门和窗户照进房间，室内宽敞明亮，这里是村民和学生举办大型活动的场所。中院内，北房是老师办公的地方，两侧套间分别是主任办公室和少年之家(图书室)，其余的房间全部用作教室。两个大院由一个宽敞的走廊相连，走廊也是一个能遮风避雨的地方。

中院高高的大门楼右侧，挂着写有"四里沽联合小学"的木牌。方方正正的石头门墩是孩子们夏天最喜欢坐的地方。门槛是活动的，只有在学生们放学后才安装上。厚厚的木质大门非常结实，是男孩子们游乐的好地方，他们一个爬上大门骑在门闩上抬起双臂仿佛展翅欲飞，其他人来回推拉，感觉妙极了。尽管学校再三禁止也阻挡不了顽皮的孩子们在此玩耍。

所有大院的地面全铺着青色大方砖，是学生们课间休息时跳瓦的最佳场地，只要下课铃声一响，三五成群的学生们便围成一个个圆圈相互比试着自己的技艺。

几十年的时间转眼即逝，四里沽曾家大瓦房在唐山大地震中受损严重，于20世纪70年代末、80年代初逐步拆除，拆下的青砖被拉到几百米之外的新校址，用作新学校的建筑材料，原址上又建了一片民房。饱经风雨的大瓦房虽然消失了，但它在咸水沽乡亲父老的脑海里留下了不可磨灭的印象。

四里沽大庙

周淑云

海河七十二沽之一的四里沽村，隶属于咸水沽镇。村东头曾经有座远近闻名的综合性大庙，始建于明朝永乐年间，距今已有五六百年的历史了。我就出生在距离大庙百米之遥的一个大杂院里，小时候每到盛夏的夜晚，院子里的小孩们都会搬一个小板凳，拿着扇子围坐在大院中，津津有味地听奶奶和同院的邻居们一起讲过去的故事，其中就有大庙的事情。

四里沽大庙门前耸立着两根高高的旗杆，底部各埋有两块立着的长条石固定着旗杆，在没有任何高大建筑物的当时，几里地之外就能看到。对于那些常年在海上跑船，或者许久没有回家的人来说，远远望见大庙旗杆，就如同回到了自己的家。

大庙是由前后两个大殿和几个侧殿组成，大殿里供奉着手握大刀，身披战袍，威风凛凛的汉代战将关羽，两边是侍卫周仓和关平。烟雾缭绕的塑像前气氛庄重威严。四周青面獠牙的小鬼们形态各异。穿过前殿就可以看到侧殿里供着怀抱婴儿，面容和蔼的送子娘娘塑像，送子娘娘面前摆满了各种供品，求子心切的善男信女们，在神像前点燃香火虔诚祷告，祈求多子多孙人丁兴旺。后院里住着老道，他管理着大庙里的所有事情，50年代初离开。

四里沽大庙和其他庙宇不同，前殿两边的侧殿里各供着一个土地爷塑像。每逢村里有人过世，无论是春夏秋冬，哪怕是下着大雪，其子孙们都会光着脚，排成队一路哭着到此处为去世的亲人报到，俗称报庙。说起报庙还有一个传说，土地爷们也会争风吃醋，如果报庙的去了东殿，西殿的土地爷会因此不高兴，很快村里就会再有另一个人过世，就需到西殿报庙。两个人过世的时间相差不过几天，也许就是巧合吧。但久而久之，村民们也就有了各种猜测，后来经过多方协商只得拆除一个土地爷塑像。其实这只是人们没有任何科学依据的想象罢了。

前院西侧墙边有一棵特大的榆树，相传是在建庙前就已栽种，大庙建成后青砖花瓦的院墙将大树围在院内。树干之粗需两三人合抱。曾经枝繁叶茂的树枝伸出五六米远，树冠能遮住半个大院。大榆树的树干上长满了野生木耳，每到下雨过后木耳遇水膨胀，远远看去大树一下子粗壮了好多。后来离地一米左右的树干上出现了一个树洞，洞口光滑而且树洞越来越大，导致大树渐渐干枯。奇怪的是大树并没有死，而是每年春天都会有一个树枝发出新芽，几经轮换长久不变。树洞内有个自然形成的活动木板，类似个小门，是附近孩子们捉迷藏的好地方。50 年代末这棵生长了 500 多年半死不活的大树，被学校组织的学生们连根拔掉。

大庙的西墙外是一条又宽又深的庙沟，南与老海河相连穿过村庄，是灌溉农田的水源，也是附近村民取生活用水的地方。经常有人到这里打鱼摸虾用来丰富餐桌。每到中秋过后，肥美的大螃蟹常常爬进村民的院子。

大庙的前后两面各有一块庙地，种一些蔬菜和粮食用于日常生活所需，也是大庙的经济来源之一。

庙前的广场是一个经常人群聚集的地方，每到初一、十五、四月二十八、五月十三等日子都会有很多人到此，烧香磕头，拜佛还愿。这些人中不仅有本村的村民，有老海河以北十三个村子的村民，还有不少远道而来的香客。

小商贩们也看准了这个赚钱的时机，聚集在广场附近。那些吹糖人的、卖糖堆的、卖拔糖的、卖水果以及各种小吃的无不吸引着孩子们的注意力。大姑娘小媳妇们则忙着挑选针头线脑和一些生活用品。那些算命打卦、推头理发的，耍猴、变戏法的，买卖各种农用工具以及看热闹的，交织在一起，使整个广场变得熙熙攘攘，热闹非凡。

关于四里沽大庙还有一个神奇的传说，相传二百多年前遇一大旱，好长时间不见雨水，到处一片干旱，深沟见底土地干裂，村民们吃水都很困难。一日清晨有一条特大长蛇，尾巴缠绕在庙前高高的旗杆上，将头伸到海河里去喝水，这条大蛇究竟有多长谁也说不清楚。

中华人民共和国成立后破除迷信，历时几百年的大庙被拆除，所有的塑像都被扔到庙后面的洼地里，原地改成了四里沽小学分校，大院变成了学生们的操场，也是放电影的露天场地。再后来改成了村工厂。

现在四里沽已经整合拆迁，规划成森林公园。随着时代的变迁和老人们的相继离去，四里沽大庙已经走进了历史。

母亲的双手撑起一个家

杨学敏

改革开放40年来，每一个家庭都发生了巨大的变化。对于本期的讲述者杨学敏来说，母亲的一双手是最具代表性的符号，串联起不同时期的片段，诉说着生活在咸水沽的一家人从贫穷奔向小康的历程。

打帘磨出一双“硬手”

“白发无情侵老境，青灯有味似儿时！”寂寥的黑夜，无声的阒境，常常啃噬着我灵魂的心弦，恍惚间，母亲那曾经皴裂的双手，又出现在我的眼前。

20世纪70年代初，我生于咸水沽镇五登房村，儿时的我，留在记忆深处的就是母亲整日整夜操劳忙碌的身影。由于家境贫寒，母亲常年做加工活打帘(当时称搞副业，那种苇帘是出口的)，这种加工活虽赚钱不多，但却能维持我们一家人的生活。尤其是我们兄妹三人上学的所有费用，直至以后上大学的学费，全是母亲用她那双粗糙的、皴裂的、一道又一道血痕的手挣来的。记忆中，从未听母亲抱怨过抚养我们三人的艰难。相反，母亲常常是一边打帘一边督促我们写作业，复习功课，对于一个没上过学的家庭妇女来说，这么做是多么有远见！正是母亲的督促，为我们三人相继考上大学奠定了坚实的基础。

为了多赚些钱，母亲常常天不亮就已起床为我们做好了热腾腾的早饭，当我们父子四人吃过饭去上班上学后，母亲一天的劳作便开始了。母亲一天内要打出三片长 2 米、宽 0.8 米的帘子。再结实的手，也会被磨砺出老茧，再坚硬的手，也会变得伤痕累累。望着母亲那过度弯曲的脊背，看着母亲那一道道血痕的长满双茧的指节粗大的“硬手”，年少无知的我，却羞于带同学到家里玩，因怕同学看到母亲那双丑陋的手；年少无知的我，却在母亲抚摸我时，躲得远远的，只因怕母亲皴裂的手刺痛了我的脸……

分田到户靠双手致富

改革的春风吹遍神州大地，分田到户的农民们欢天喜地奔小康。已不再辛苦打帘的母亲，却又用她那刚刚不再皴裂红肿的双手,承担起了一家四亩多地的劳作。父亲当时在供销社上班,属于工人,在农村不分给土地。整日在单位上班的父亲又懒于干地里的农活,于是春种、夏管、秋收、冬藏,这所有的地里农活又全都落在母亲一人肩上。

记忆中的夏日假期,我最害怕的就是每天清晨睡得正美正舒服时,却被母亲轻声低唤、轻手推醒。母亲对我悄声交代做什么早饭,我却气急败坏地对母亲一阵狂吼。贪睡时期的我怎知当年母亲的辛劳:趁着清晨的凉爽,母亲要在地里劳作两个多小时再赶回家吃口早饭。看着一手端碗,一手拿筷的母亲,指节粗大,手掌粗糙,手背黝黑,我还嫌恶地斜睨一眼,借以发泄几乎每天清晨都不能贪睡的愤懑。

记得上初三时国庆假期的一天,一大早我们兄妹三人就被母亲喊醒吃早饭。然后跟着母亲到地里帮她收玉米,最初的新鲜好奇很快就被双手的疼痛替代了,手掌里竟然起了五个水泡。母亲一边双手飞快地在玉米棵上掰下一个玉米,一边温声说道:“你别干了,喊你哥哥和弟弟也歇会儿吧!”

弟弟走了过来对母亲说道:“妈,您快歇会儿吧!我们天天只知道上学,不知道干地里活要这么累。”

母亲爽朗地笑了起来:“妈不累,早就习惯了。你们手嫩,干地里的活是受不了的。你们哥儿仨都快歇会儿吧。”

笑声中,母亲双手上下翻飞,又掰掉了好几个玉米。

一天的劳累换回了满院的玉米,吃罢晚饭,院中传来了“哧拉哧拉”声,起身望去,母亲又独自坐在小板凳上,在昏暗的门灯照射下,左手拿起一个玉米,右手飞快地剥开玉米皮,三下五除二,整个玉米皮就被扒掉了。

满院带皮的玉米中渐渐堆起一座金黄的玉米小山, 昏暗的门灯下,母亲的双手却愈发的粗大黝黑……

一双手承载一家幸福

20 世纪 80 年代中期,我家的土坯房正式结束了它的使命,我们住进了宽敞明亮的水泥砖房。我们兄妹三人相继考上了大学,转成了非农业户口,村里收回了我们的土地,母亲再不用操劳田地里的农活了,整日把屋子收拾得干净利落。

寒假很快来临了,我兴高采烈地奔回了家。走进干净温暖的屋子,熟悉的味道扑鼻而来,母亲早已备下了丰盛的饭菜,我狼吞虎咽地大口吃着,这可比学校食堂的饭菜香多了!母亲一边慈爱地看着我,一边频频为我夹菜。

我忽然停住了吞咽,愣愣地看着母亲的双手。母亲的双手虽不再皴裂红肿了,却依然骨节粗大。而黝黑粗糙的双手十指竟然又变成了煤炭黑色!我吃惊地看着母亲,母亲赶紧搓着手道:“知道你们快放假了,我就想着得把屋子弄暖和了。咱家安的是土暖气,哪都好,就是有点脏,煤弄到手上怎么也洗不干净。”

我放下碗筷,紧紧地把母亲的双手贴在胸前,涕泪交流:就是这双皴裂、红肿、粗硬、黝黑的手，承载着一个家庭的亲情、幸福、温暖、兴衰……

我，多想用这羞愧、感激、幸福的泪水，去洗刷母亲那辛劳的、变形的双手，还母亲一双漂亮修长的手。

如今，年过古稀的母亲，早已搬进了明亮舒适、温暖干净的还迁房中。村里平房改造，居住了几十年的平房被鳞次栉比的大学城所替代。母亲虽已不再操劳，但岁月已在母亲身上烙下了深深的印迹。每每看到母亲那双手，我都不禁潸然泪下，为了自己的孩子，为了家庭的幸福，母亲付出了太多太多。

大爱无声。母亲，用她的一双手，为她的子女撑起了一个家，创造了一个时刻洋溢着幸福温暖的家。

后 记

李治邦

想起来为津南区咸水沽做一次征文由来已久，后来在今晚报大厦跟几个主办方一聚会便水到渠成。做这次征文是有两个原因,一个是好朋友李彦青调到咸水沽担任了镇党委书记一职;一个是津南区咸水沽改革开放四十年所发生的巨大变化。这次的主办方是今晚报社的副刊专刊部和海外交流部、津南区区委宣传部、咸水沽镇党委和镇政府、天津“非遗”保护协会。媒体的有力支持,天津“非遗”保护协会的专业把握,津南区区委宣传部的鼎力后盾,再加上咸水沽镇党委和镇政府的努力保证,就有了一个很好的征文态势。

征文开始后,在社会上引起热烈反响,《今晚报·副刊》编辑部收到大量来稿,天津众多的知名学者、作家和津南本地的文史专家纷纷撰文支持，文章题材、角度颇见新意，所挖掘的史料颇具价值。从刊发的这一篇篇文章可以看出，咸水沽像是一个宝藏，不断地挖掘，也只是挖掘到其中一部分。特别是好几篇关于改革开放以来咸水沽所发生的巨大变化，更看出来咸水沽从历史到今天，始终都是在发展。而且有声有色，威武雄壮。一些鲜为人知的内容也在这次征文里体现出来，给人以耳目一新的感觉。咸水沽的水不咸，咸水沽的百姓在这个古镇繁衍生息中始终扮演着创新的角色。大量的征文从全国四面八方涌来，源源不断，牵动着很多人的心。很多征文通过今晚报社海外交流部的刊发，在世界各地产生影响，让不同肤色和不同国家的人知道咸水沽这个地方，也引起海外华人的注目。说起来也很有意思，天津的七十二沽，咸水沽这次征文成了引发天津历史渊源研究的一个突破口。

为了让这本书内容更加丰富，编者选入了一些曾刊发在《今晚报》副刊、与咸水沽有关的未曾结集的文章，以便让读者更好地阅读和收藏。这部书图文并茂，生动鲜明地表达了咸水沽的林林总总。今年恰逢红学大家周汝昌先生100周年诞辰，本书还特辟出一章，来纪念这位咸水沽先贤。几年前，学者王勇则先生所作《咸水沽曾设“乡谳局”》在学界引起不小的反响。最近他对这一话题的研究又有了新的进展，写有两万余字的长文《咸水沽开办审判厅始末》，感谢王先生同意将此作编入本书，为本书增加了学术分量。

我作为征文的策划者，感谢诸位作者的踊跃参与，感谢咸水沽镇党委和镇政府，也感谢今晚报社副刊专刊部和海外交流部的合作。

（本文作者为天津“非遗”保护协会会长）